U0694177

教学120

小学数学课堂
教学问题诊疗

严育洪 ◎ 著

小学数学教师备课参考书
让教师少走弯路

教育科学出版社
·北京·

出 版 人　李　东
责任编辑　颜　晴
版式设计　杨玲玲
责任校对　贾静芳
责任印制　叶小峰

图书在版编目(CIP)数据

教学 120 ：小学数学课堂教学问题诊疗 / 严育洪著
. — 北京 ：教育科学出版社，2019.11
ISBN 978-7-5191-2058-0

Ⅰ．①教… Ⅱ．①严… Ⅲ．①小学数学课—课堂教学
—教学研究 Ⅳ．①G623.502

中国版本图书馆 CIP 数据核字(2019)第 227622 号

教学 120：小学数学课堂教学问题诊疗
JIAOXUE 120：XIAOXUE SHUXUE KETANG JIAOXUE WENTI ZHENLIAO

出 版 发 行	教育科学出版社			
社　　　址	北京·朝阳区安慧北里安园甲 9 号	邮　　编	100101	
总编室电话	010—64981290	编辑部电话	010—64981265	
出版部电话	010—64989487	市场部电话	010—64989009	
传　　　真	010—64891796	网　　址	http://www.esph.com.cn	
经　　　销	各地新华书店			
印　　　刷	保定市中画美凯印刷有限公司			
开　　　本	787 毫米×1092 毫米　1/16	版　　次	2019 年 11 月第 1 版	
印　　　张	15	印　　次	2019 年 11 月第 1 次印刷	
字　　　数	212 千	定　　价	45.00 元	

图书出现印装质量问题，本社负责调换。

备课，不能"只有一种经验"或"只用一种经验"

上课，先要备课，这是每一个教师都知道的常识，也是每一次上课之前要做的事情。然而，有些时候一些教师却有着这样的"常识"——备好一课挡一阵甚至用一生。如此，哪怕你当了25年教师，上了25年课，也会如同下面故事中的职员那样只有一种经验——

一名职员在某公司工作了整整25年。25年来，他在这家公司的同一个部门用同样的方法工作，拿的薪水也是多年不变。一天，他去找公司老总，要求增加工资，晋升职务。他的理由是："我毕竟有25年的工作经验了。"

"我亲爱的伙计，"老总叹了口气说，"你并没有25年的工作经验，25年来你只有一种工作经验。"

当教师"只有一种经验"去备课，说明教师思想麻木，缺乏敏感性，无视学生的多种可能、教学的多种可能和课堂的多种可能；当教师"只用一种经验"去备课，说明教师思想僵化，缺乏创造性，不管学生的多种可能、教学的多种可能和课堂的多种可能。如果是这样，就根本无须备课，因为它"只有一种经验"或"只用一种经验"。如果是这样，所上出的课还会有生气和灵气吗？

事实上，备课的意义在于，虽然面对的是同一节课，但如果面对的学生不同，往往会出现不同的问题，需要教师采用不同的方法去解决，此时，教师就不可能"只有一种经验"，要解决问题，也往往不能"只用一种经验"。

备课的"备"，我们可以理解为"准备""预备"和"完备"，它贯穿于课的始终。备课的意义应该是教与学在碰撞、磨合与协调中不断生发、生长和生成：在课前，它应该是一个"？"，因为备的课需要在现场教学中检验；在课中，它应该是一个"，"，因为备的课需要在实际教学中生成；在课后，它应该是一个"！"，因为备的课还需要在反思教学中完善。

备课，我们不能仅仅满足于准备好教参、教案和教具，还要"预备"好课，首先预想一下课中学生会怎么学，并同样准备好对应策略，然后预想一下课中学生会出现什么问题，并同样准备好对应策略。唯有对教学做好"预演"，才能有所预备，防患于未然，也才能使课更加完备。

由此可见，要做到"预备好课"，备课时，除了常规的钻研教材和准备教学材料，我们更要研究学生，因为学生才是让课变得丰富多彩的关键因素。从只关注"物"到关注"物"的同时也关注"人"，如此"目中有人"才能做到"心中有数"和"手中有法"。而事先看一看别人在上这节课时发生过什么、遇到过什么，可以让教师备课时"有案可查"和"有史可鉴"，从而胸有成竹，上课时就能够"有路可走"和"有法可选"。这样，我们就赋予了备课新概念，为备课提供了新思路。这样的备课，才可能备出比较完备的课。这样备好的课，才能让学生更好地成长，也才能让教师更好地成长，而不再"只有一种经验"和"只用一种经验"。

备课，不仅要备教材，更要备学生，这一理念已经为教师所熟知，但未必能被付诸行动，因为其难在教师难以预料学生"是怎样"和"会怎样"。不过，多看看别人上这节课时学生的反应，无疑有助于自己备好课，当我们知道了学生在学习之中可能会出现什么问题，才能找到学生的学习困难在哪里，备课时才能知道教学的难点在哪里，从而备出学生真正需要的课。

不过，我们需要明白的是，每一个学生不同，每个班的学生不同，每一届的学生不同，"学生可能会怎么学"和"学生在学习之中可能会出现什么问题"也可能不同，这考验着教师的智慧，也锻炼着教师的能力，促使教师不能"只用一种经验"去备课，也让教师不会"只有一种经验"去备课。尽管"学生可能会怎么学"和"学生在学习之中可能会出现什么问题"有可能不同，但诸多的"可能"也并非难以琢磨，教师很多时候是可以和能够"预备"的。其中，有一种办法就是"踩着前人的脚印前进"，看一看别的老师在教学这一节课时曾经出现过什么问题，用别人的经验来补充自己的认识和改进自己的行为，从而"预演"自己的教学该怎么办。可以说，这就是间接经验的力量，它能够有效地缩短教师的成长期。也就是说，在备课的时候，只要我们多加"注意"——多借鉴别人的教学经验，必然会获得和生发更多的"主意"，让我们在上课时能够从容不迫。

由此，这本《教学120：小学数学课堂教学问题诊疗》应运而生，它选取教师在教学中容易出问题的"老"（老是上不好的教材）、"大"（涉及知识范围大的教材）、"难"（难处理好的教材）等课例和案例，模仿中医的"望（病例观察）""问（病历记录）"和"切（病理诊治）"的形式，依照发现问题、分析问题、解决问题的思路，进行分析讲解，从而让教师在自己的课堂教学中避免走弯路、走岔路。由此可见，《教学120：小学数学课堂教学问题诊疗》也是一本可以供教师备课时使用的教学参考书。

课堂教学中出现的问题，其解决很多时候需要经历中医的"望"（看看学生的课堂表现）、"问"（问问学生的内心想法）、"切"（想想适合学生的方案），由此，《教学120：小学数学课堂教学问题诊疗》一书的书写格式就按照"望""问""切"之中医把脉技术，以求能给读者真实的现场感，并让问题得到真正的解决。

在解决教学问题的过程中，一是解决教师在教学中的困惑，为教师提供必需的教学原理；二是解决教师在教学中的困难，为教师提供必要的教学技术。前者更多涉及本体性知识，后者更多涉及策略性知识。这些，也是教师在备课时所必备的教学参考，否则教不好书，上不好课，因为好的教学必定是"知根知底"的教学，"知根"是指知道知识之根，"知底"是指知道学生之底。在此意义上，本书是为广大数学教师精心准备的一本补充"本体性知识"和"实践性智慧"的实用的备课手册。

最后，我想说的是：本书中所写的还不是全部，更多课的"望""问""切"还在观察中、思考中、写作中……。书中文章都已在杂志发表，一部分在《小学教学（数学版）》2013—2015年"课堂门诊"栏目连载，一部分在《教学月刊小学版（数学）》2014—2015年"教学120·课堂问诊"专栏连载，其他散见于《小学数学教师》《小学数学教育》等专业刊物，特此对以上杂志表示感谢！还要感谢为我提供支持的黄芳、包静娟、焦肖燕、刘佳、顾利国、浦陈霞等老师！

我还想说的是，本书所写只是我的一家之言、个人之见，或许有不当之处，这，需要各位读者"把脉"和"诊断"，请把你的想法发至我的电子邮箱13861472533@139.com，谢谢！

目录
CONTENTS

A. 数与代数

B. 图形与几何

C. 概率与统计

D. 实践与综合

A

数与代数

01 知识方法的锁定能让学生有迹可循吗?

这是一节"11—20各数的认识"① 课的教学片段——

师(手握 11 根小棒):小朋友,老师手里拿着几根小棒,能看出来吗?谁来猜一猜?(学生猜数,教师用"太多了"或"太少了"提醒学生。一个学生猜出 11 根后,教师让学生也数了数小棒。)

师:刚才,我们猜了 11 根小棒,但是猜起来比较费劲,不能一眼看出来。下面请小朋友想一想,怎样摆这些小棒,可以让大家很容易看出你摆的是 11 根?

学生一片茫然,于是教师只能启发学生:我们可不可以先摆出 10 根将其捆成一捆,然后再摆出 1 根呢?

学生表示同意,教师让学生实际操作,然后告诉学生:我们就说"10 个一是 1 个十"。

教师出示图片,让学生观看生活中 10 个装的例子:

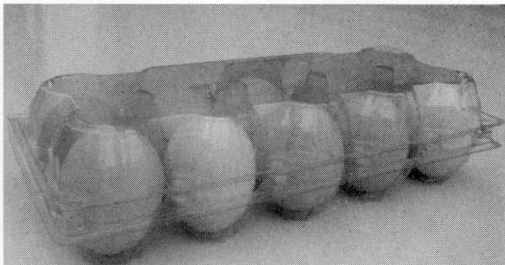

……

---

① 书中案例使用教材均为江苏教育出版社出版的小学数学教材。

听完课，我找了几个学生问了一个问题："你们是怎么想到把10根小棒捆成一捆的？"孩子们一脸惶然："这不是老师叫我们这么做的吗？"对此，执教教师回答说："把10根小棒捆成一捆，这样的做法是为了引出一个新的计数单位，且没有什么好探究的，就由老师直接告诉学生了。"……

对上课学生及上课教师的课后访谈，让我思考的第一个问题是："把10根小棒捆成一捆"用数学语言表述就是"满十进一"，也就是十进制的计数方法，对于低年级学生来说，这样的数学表达无疑为时尚早，从数数到计数还需要更多的学习铺垫和学习经验。在"一位数"向"两位数"教学的转折关头，教师常常只能采用类似"怎样数数可以让我们一眼能看出是多少"的通俗语言来替代数学中使用更高单位计数的方法。

生活中，也有着"满十进一"的现实，那么我们是否可以利用学生常见的生活原型来启发学生想到把10根小棒捆成一捆呢？我的设想是：首先教师让学生发现"10个装"在生活中的广泛应用，体会到"10个装"的生活便利性，其实就是数数的便利性，由此自然地迁移到数学中"把10根小棒捆成一捆"对数数的便利性。如果这样，"10个一就是1个十"的陈述性知识也不必完全由教师告知，学生可以通过生活经验类比获得。

鉴此，上述教学可以改变设计的顺序，把"观看10个装的生活例子"环节前置，先让学生复习以前学过的1—10各数，让学生数一数一盒鸡蛋的个数和一捆铅笔的支数，如果结合计数单位"1个一、2个一、3个一……"地数更好。当数到10的时候，学生可能会由"10个装"的生活经验想到"把10根小棒捆成一捆"，继而由"10"开始引出"11"，教师可以让学生想一想"如果你去商店买11支铅笔，营业员会怎么拿？"这样的现实问题。当然，教师还可以用课件出示散装的11支铅笔，快速呈现后隐去，学生因来不及数而无法回答或难以确定，接着教师用课件出示10支装的一捆铅笔和1支铅笔，尽管一闪而过，但学生都能一眼看出一共有11支铅笔。在强烈的对比中，学生自然会倾心于把"10 个一"表示成"1 个十"这样的计数方法。至此，教师可以趁热打铁，把铅笔换成小棒，让学生继续摆出"12"，此时学生就可能会出现两种情况：一种是仍然一根根地摆；另一种是先把 10 根摆在一起，然后再摆 2 根。如果两种摆法都有，教师可以在对比中再次让学生选择，如果只有后一种摆法，教师就可以直接让学生说说想法。不管如何，结果都会指向相同的目标。

不过，10 个装的鸡蛋和 10 支装的铅笔还不是"满十进一"的最佳生活原型。或许人民币单位、长度单位之间的进率更符合十进制。例如，生活中，人们经常会这样做：把 10 个一角硬币包成一卷，就是十角，也就是一元，计量单位之间的"升级"与计数单位之间的"升级"有着高度的一致性。然而，受制于学生的年龄特征和认知水平，这样的教法可能还不是十分适用。

对上课学生及上课教师的课后访谈，让我思考的第二个问题是：我们把"满十进一"的数学意义下放成了"把 10 根小棒捆成一捆"这样可操作的教学活动，并通过生活现象来帮助学生初步建立十进制的数学理解，那么除了生活启示，我们是否可以利用数本身的结构来让学生自觉想到"把 10 根小棒捆成一捆"这样的操作行为呢？

其实，数的读法要比数的写法更能够让学生看出知识的玄机。例如"10"，常读作"十"，但完整而规范的读法是"一十"。如果我们反过来演示这样的知识轨迹："一个十"→"一十"→"十"，这样的知识演变是否更容易让学生感受到计数与读法之间的关联呢？

顺此想下去，"11"读作"十一"，如果读成"一十一"对学生操作方法的指示作用就更显而易见：先读出"（一）十"再读出"一"，对应摆小棒就是先摆出"1 个十"，再摆出"1 个一"。我在听课中，在摆"11"时，发现有学生先摆 1 根小棒，再摆 1 捆小棒，教师只是简单地告诉他们要先摆出 1 捆再摆出 1 根。其实，更好的处理方法是：教师可以引导学生按照"11"读法顺序先摆出"1 个十"再摆出"1 个一"。之后，教师揭示"12"的时候，不妨利用课件做好数与形的对应关系，闪动一捆小棒，对应地闪动"12"中的"1"，让学生明白此数位的"1"表示"1 捆"，也就是"1 个十"，接着闪动两根小棒，对应地闪动"12"中的"2"，让学生明白此数位的"2"表示"2 根"，也就是"2 个一"，后续的数也可以这样处理，从而更好地渗透数的位值，为下一节课的教学做好准备。

最后顺便提一下，"11"这个数是比较典型的教学材料，应该把它做好、做大。首先，它是学生学习"1—10各数"后的起点数，教师应该树立好这一个数对后续一串数学习的"榜样"作用；其次，"11"在写法很有特点，两个"1"对学生视觉上构成了强烈的对比，形同而神异，其所表示的"1个十"和"1个一"对学生的认识也构成了强烈的对比，更容易让学生领悟到知识的本质。

02 "0.3≠0.30",这是怎么回事?

"望":病例观察

下面是进行"小数的性质"教学时,教师遭遇到的尴尬情形——

师:以元为单位,3角怎么表示?

生:0.3元。

师:那30分呢?

生:0.30元。

师:以米为单位,3分米怎么表示?

生:0.3米。

师:那30厘米呢?

生:0.30米。

师:你发现了什么?

生:0.3元=0.30元,0.3米=0.30米。

教师擦去单位名称,剩下"0.3=0.30":那现在相等吗?

很多学生顿了一下后回答:不相等。

教师一愣,有点疑惑:不相等?!

生(齐声):相等!

……

"问":病历记录

课后,我找来这些发出"异"见的学生,咨询他们当时认为"0.3≠0.30"的真实想法。

生1:我当时是这么想的,0.3元≠0.3米,所以0.3≠0.30。

生2：我当时也觉得0.3≠0.30，因为0.3和0.30的后面可以随便跟什么单位，比如0.3千克和0.30克也不相等。

生3：我的想法跟他们一样，0.3和0.30有时候相等，有时候不相等，后面的单位相同时，0.3＝0.30；后面的单位不相同时，0.3≠0.30，所以0.3和0.30在没有单位的情况下就无法比较。

……

我又问："上完课，现在你们知道0.3＝0.30了吧?"学生点头。接着我假设："如果课一开始直接让你们比较0.3与0.30的大小，你们觉得自己会吗?"

生1：我觉得自己是会比较的。我会把它们看成0.3元和0.30元，0.3元＝3角，0.30元＝30分＝3角，所以0.3＝0.30。

生2：我会这么想，在它们后面添上单位"米"，0.3米＝3分米，0.30米＝30厘米＝3分米，所以0.3＝0.30。

生3：我会把它们画成这样的图（如下图），它们涂色部分的面积相等，所以0.3＝0.30。

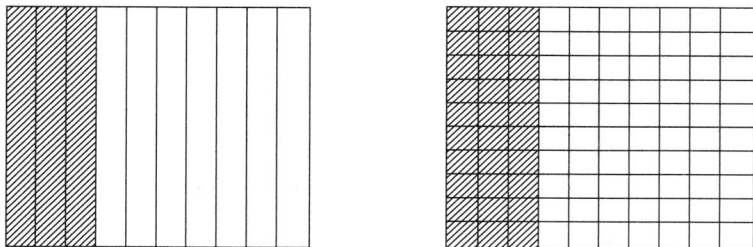

……

我好奇地问前两名学生："你们怎么会想到添上这两个单位?"结果他们回答说是以前在认识小数的时候老师是这么教的。这样的想法与我的预料一致。

最后，我不无遗憾地跟这些学生说道："瞧，现在你们挺清楚的嘛，当时怎么就糊涂了呢?!"他们不好意思地吐了吐舌头。接着一个孩子说出了让我瞠目结舌的秘密："是老师把我弄糊涂了。老师问我们'那现在相等吗?'，让我误以为老师是在故意反过来问，正好前面有'元'和'米'，于是就想岔了。"其他学生也若有所思。

"切"：病理诊治

这一节课出现的病症并不是这一节课所形成的，而是以前一连串教学中的问题慢慢积累而成的，只不过这一节课设置的情境成了问题的导火索，使学生对知识的误解暴露无遗。

在这节课中，"元"和"米"为何在学生头脑中留下了这么深刻的印象，以至于他们陷于生活的"泥潭"而不能自拔？一是因为之前在教学小数的意义（认识小数第一次安排在三年级，第二次安排在五年级）、小数的大小等内容时都是回到购物和测量这两大学生常见的生活情境之中来让学生理解知识、解决问题的，结果导致学生"留恋"于生活"不走出来"；二是因为一些教师在教学的时候过多、过久地滞留于生活情境，对知识抽象不足或抽象太晚，导致学生"流连"于生活"走不出来"。

充分利用学生生活中的数学进行教学是数学教学"生活化"的主要做法，这种由生活实践形成的各种数学知识和技能具有直接性的特点，这种直接性十分有利于调动学生学习的积极性，而且置身于实际情境往往也有利于主体更好地发挥自己的聪明才智，有助于学生更快更好地理解和掌握抽象的知识。然而，也正由于抽象的知识是与各个具体情境直接相联系的，与实物、事物对应性强，因此相应的知识和技能的可迁移性差，概括性、抽象性水平低，从而就表现出一定的局限性。就如建构主义所指明的那样，在数学教学中通过"贴近生活"得以调动的学生的生活经验就未必如我们所期望的那样，恰能为抽象的数学概念或知识的学习提供合适的基础，其还可能包括许多不相干的，甚至是有一定干扰性的成分，对学生的数学学习产生负面效应：影响学生完成从特殊到一般的抽象过程。

上述课例中，学生根据教师创设的情境，由自身生活中的经验，很快得出"0.3 元＝0.30 元"和"0.3 米＝0.30 米"，此时的 0.3 和 0.30 都有具体的含义，学生的思维如既往地被框在具体的情境中，无法一下子跳出来、转过来。正因为生活中的这些数是名数，它表示具体的含义，所以当数字没有单位名称时，学生的脑海里还"留恋"或"流连"着单位名称，从而形成无法确定具体含义，就认为它们不相等的想法，可以说，正是这种思想的局限性影响了知识的正迁移。

要解决这一种陷于生活的"泥潭"而不能自拔的问题，有效避免低层次、低水平学习的局面，需要教师从知识的"上游"和教学的"上端"加以整治，改变抽象程度不高的知识表征方式和教学表达方式。按照知识的序列，三年级的"小数的初步认识"是知识的起步，教材采用了学生熟悉的测量和购物情境，利用"米"与"分米"、"元"与"角"之间的进率关系来帮助学生理解十分之几就是零点几的关系。在认识小数第一课时，教师就应该做好知识的抽象工作，当借助情境推出知识后，教学就应该去情境化，把学生的注意力集中在知识的"本身"上——本课研究的是"数"。

认识一个事物就是把这个对象从与它相关的事物中相剥离的过程。然而，在实际教学过程中，学生在研究小数和分数之间的关系时，常常始终"带"着情境中的数量，知识抽象得并不"干净"，这与教师的教学语言和教学行为不到位有关。例如对测量情境中产生的小数，教师可以框出其中的"数"——

| 5分米 | $\frac{5}{10}$ 米 | 0.5 米 |
| 4分米 | $\frac{4}{10}$ 米 | 0.4 米 |

可以用红色粉笔突出其中的"数"，也可以在黑板上擦去或在屏幕上隐去其后的单位名称，仅把"数"留在学生的视野里。

紧随其后，我们可以进一步抓住购物情境中产生的小数与测量情境中产生的小数进行意义的比对与同化，例如"0.5 元"与"0.5 米"去除单位后小数意义相同，都表示$\frac{5}{10}$，然后把小数的意义通过"方形图→线段图→数轴图"反映出来，让学生领悟小数意义在数学中的不同表征方式，进而强化小数的意义，引导学生排除生活情境的干扰，走向数学的最深处。

一旦前期的知识抽象彻底，等到教学"小数的性质"时，学生就不会那么容易受困于生活情境，而能够清楚地明白教师所提出的"0.3 和 0.30 是否相等"这一问题的指向是数的大小比较，与数量无关。

从上述课例，我们还能够发现另外一个涉及教师教学行为的问题。学生之所以会去牵扯小数的数量，一方面与教学从生活引入有关；另一方面与教师提问有关，"那现在相等吗"让学生误以为老师说的是反话，从而想方设法证明 0.3 和 0.30 不相等。之所以会产生这样误解，是因为在以往的教学中，限于时间，教师大多会直接擦去单位名称揭示"0.3＝0.30"，而不会多此一问，反之，如果教师突然多此一问，就会让学生以为老师故此一问，反话正说。由此可见，教师的"反常"会引起学生的怀疑，从而让学生"误入歧途"。当然，如果学生基础扎实，不管教师怎样说、怎样问，他们都会意志坚定，思想不动摇。

其实，教到"小数的性质"这一步，学生的学习已经多次经历了从生活到数学、从特殊到一般的过程，已具有了丰富的生活经验和数学经验。只要知识抽象彻底，"小数的性质"这一节课不妨换一种教学路线，采用从一般到特殊的思路设计教学：课一开始，让学生直接思考"0.3 和 0.30 是否相等"这一数学问题，估计会有许多学生凭直觉猜测 0.3 和 0.30 相等，教师就可以充分利用学生的这种想法甚至争议，引导学生去寻找方法来证明自己的正确或推翻别人的观点。此时，学生会主动调用以前的相关经验，像上述课后访谈中的那些学生的想法一样，或利用购物、测量的生活情境来寻找答案，或通过画图等方式直接从这些小数所表示分数的意义上来说明问题，当然也可能有学生把 0.3 和 0.30 放入前一节课刚学的数位顺序表中来解释想法。使用这种设计思路时，教师可以事先为学生提供米尺、方格纸、数位顺序表等探索工具。

从数学回溯到生活，这样"倒行逆施"的教法可以最大限度地避开生活对学生思考问题的负面影响。在这里，学生成功地运用了"关系映射反演"原则：给每个数加上一个单位，比如"米"，这样就形成了"数"与"长度"的一一对应关系，"长度"是"数"在这个映射下的象。利用生活经验和数学经验，得到了象之间的关系（0.3 米＝0.30 米），然后利用"反演"得出这两个象的原象之间的关系（0.3＝0.30）。学生运用"关系映射反演"原则来解决问题，从一般到特殊，从而有效地避免了由生活经验（特殊）到数学知识（一般）所带来的"意外"。

当然，为了使学生适应这样的思考问题、研究问题的方式，我们在教学五年级的"小数的再认识"时，就可以尝试改变"小数的初步认识"时所遵循的"生活应用→数学发现"的一般教学程序，而采用"数学发现→生活解释"这种逆向行驶方式：先让学生根据已知的"一位小数表示十分之几"猜想出"两位小数表示百分之几，三位小数表示千分之几……"，然后让学生回到购物和测量的生活情境中寻找依据，在此正好与教材例题实现对接。

这样反其道而行之的教学思路，还有一个更大的好处：教师可以有效地改变惯常的教学方式，充分发挥学生的主体作用，真正让学习变成学生自己的事。因为人的思维犹如人体的健康系统具有免疫自检自适应功能一样，学生在寻找知识解释方法和知识解释工具的过程中，会根据知识的意义进行自适应的不断尝试和不断调整，所以，教师不必担心学生找不到知识的"家"。

综上所述，生活并不总是对学生的学习产生"正能量"，它有时也会阻挠学生进行更深入的学习。经验是理解的基础，它提供了把未知的信息模块连接到已有经验结构中去的背景和方法，但有时也会带来负面影响。希望我们的教师都能明白这一点，千万不要不分阶段、不分场合、不分对象都来"生活化"一下，如果一味这样教学，就可能会弄巧成拙。

03 学生"无虑",就能"无忧"了吗?

"望":病例观察

在教学"认识一个整体的几分之一"这一节课时,教师普遍认为这节课比较难教,原因主要有以下两个。一是学生从认识一个物体的几分之一到认识一些物体组成的一个整体的几分之一,是认识分数教学上的一次飞跃,跨度比较大。二是在小学数学中,分数一般都采用以下定义:将单位"1"平均分成若干份,表示这样的一份或几份的数叫作分数,表示把单位"1"平均分成多少份的数叫作分母,表示这样多少份的数叫作分子,分数强调的是部分与整体的关系。而对于三年级学生来说,由于分的是一些具象物体组成的一个整体,他们比较关注表示的个数与总个数的关系,而忽略了表示的份数与平均分的份数的关系,这造成了认识上的偏差。对此,一位教师设计了以下教学过程,刻意避开总数的干扰,让学生对此"无虑"——

1. 课件出示图片及录音:猴妈妈运来了一车桃,小猴兄弟四个可高兴了。它们想:哇,这里的桃真多呀,妈妈一定会平均分给我们吃的,我们每只猴可以分得这车桃的几分之几呢?

设问:你们认为是几分之几?为什么?知道车里有多少桃吗?不知道这车桃有多少个,你为什么认为是 $\frac{1}{4}$ 呢?(把这一整车桃平均分成 4 份,每份就是这车桃的 $\frac{1}{4}$。)这里的"4"和"1"各表示什么?

2. 课件出示图片及录音:妈妈只从车上搬出了一箱桃,小猴兄弟们有点失望,现在每只猴可以分得这箱桃的几分之几呢?

设问:知道箱子里有多少桃吗?现在你怎么想呢?(把这一整箱桃平均分成 4 份,每份就是这箱桃的 $\frac{1}{4}$。)

3. 课件出示图片及录音：妈妈又说了，一顿不能吃太多，今天只能给你们一盘桃。小猴们真是太失望了，现在每只猴可以分得这盘桃的几分之几？

设问：你是怎么想的？（把这一整盘桃平均分成 4 份，每份就是这盘桃的 $\frac{1}{4}$。）

4. 比较：我们帮小猴平分了一车桃、一箱桃、一盘桃，大家比较一下平均分的结果，你能得出个什么结论？（无论多少桃，只要平均分成 4 份，每份都是这些桃的 $\frac{1}{4}$。）

……

"问"：病历记录

整节课，学生反应非常顺利，没有疙瘩，没有困惑，没有争议，那么，教学效果是否就如愿以偿了呢？

我先问执教老师："你把总数打上了'马赛克'，是否遮得住问题的本来面貌呢？"

执教老师想了一下答道："嗯，是的。教材练习中的题目都带有总数。"

我又问："那你现在绕开了'问题'，那是否以后就没有问题了呢？"

为了说明我的问题，我找来一些学生当场试验。我顺着课中的情境出了一题——"把一些桃平均分给 4 只小猴，每只小猴分得这些桃的几分之几？"——给学生练习，结果答案都是"$\frac{1}{4}$"；然后我把题目改成"把 2 只桃平均分给 4 只小猴，每只小猴分得这些桃的几分之几？"，给学生练习，结果出现了"$\frac{2}{4}$""$\frac{1}{2}$"等错误答案，其中"$\frac{2}{4}$"居多，有的学生还无从下手，感到题目很陌生。结果，其他学生在课后作业中也出现了类似问题。

执教老师感到了问题的严重性，我对她语重心长地说道："与其后来还是会出现问题，我们为何不把问题解决在第一时间呢？"我的问题引起了她的深思。

"切"：病理诊治

"认识一个整体的几分之一"是"认识一个物体的几分之一"的后继教材，其教学难点是对每份与每份包含的具体数量不吻合的这类分数的理解。这是由于学生之前接触的都是实实在在的数，所以在教学中，学生往往会纠结于分数的抽象性与分"数"的具体性之中。鉴此，上述课例的执教教师改编了教材，通过把一车桃、一箱桃、一盘桃平均分给 4 只小猴的思考，故意隐去总体数量，让学生避开桃子具体个数的干扰，感受到"虽然整体在变化，但平均分的份数没变"，比较归纳出"无论多少桃，只要平均分成 4 份，每份都是这些桃的 $\frac{1}{4}$"的结论，教学过程显得非常顺利。

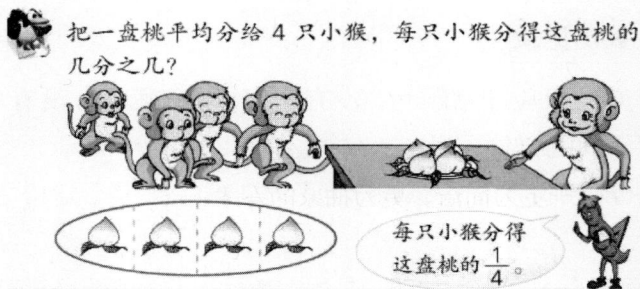

确实，如果按照教材编写的例题（如上图）来教学，是很容易发生问题的。因为教材例题内容恰好是物体的个数与分得的份数相等的特例，此时有些学生说出的"$\frac{1}{4}$"答案未必真的正确，因为可能在一些学生的眼里，分母 4 就是一个"实数"——4 个桃子甚至是 4 只小猴，分子 1 也是一个"实数"——1 个桃子甚至是 1 只小猴，并没有把它们转化成份数（学生还没有学习分数与除法、分数与比的关系知识），也就是分母、分子应该是一个"虚数"，分母 4 表示平均分成了 4 份，分子 1 表示这样的 1 份。由此可见，教师如果不追问学生的想法，很容易造成学生对分数意义的误解。这种错误一直要等到当物体的个数与分得的份数不相等时才会暴露出来，例如教材"想一想"内容（如下页图），在以往的听课中发现，许多学生对此题的回答是"$\frac{2}{4}$"，这是一个同样需要追问的答案：如果学生认为"一共平均分成了 4 份，

一想一想

如果平均分给 2 只小猴，每只小猴分得这盘桃的几分之几？

所以分母是 4，每只小猴分得了这样的 2 份，所以分子是 2"，这种思路是可以的，虽然需要学生对图例的表示方法进行改造，并且这种认识几分之几的知识属于下节课的教学内容，但这样的超前认识说明学生思维具有灵活性，教师应该加以鼓励，此时的 "$\frac{2}{4}$" 就是此题的另一种表示方法；如果学生认为 "一共 4 个桃子，所以分母是 4，每只小猴分得 2 个桃子，所以分子是 2"，这种思路说明学生还没有真正理解此阶段教材所体现的分数的分率意义，依然留恋于具体数量上，还没有转移到部分数量与整体数量的关系上。当学生的视线能够从关注表示的个数与总个数的关系转移到表示的份数与平均分的份数的关系时，学生也就能够很容易地想到教材 "想一想" 中图例所示方法，从而得到 "$\frac{1}{2}$" 这一更为简洁、更为抽象的答案。

由此可见，教材的体例是很容易让学生产生问题的，例题内容比较 "含蓄"，不容易发现学生的思想问题，而 "想一想" 的习题内容则比较 "明显"，更容易暴露学生的思想问题。所以，教材 "想一想" 内容不应该轻描淡写，教师应该重视这一素材的使用，让学生在思维碰撞中清晰此阶段教材希望达到的对分数的理解。

当然，我们也可以一开始就让学生发生认知冲突，例如把教材例题与 "想一想" 的习题置换一下，这样可以一开始就让学生原始思维中发生的问题无所遁形，把问题解决在第一时间。当学生一开始就找到知识的正确密码之后，再解答原来例题那样的特例时就不会发生误打误中的假性理解了。

另外，为了使学生的思维能够更加深刻，除了像教材那样从例题到 "想一想" 习题中采用的 "物体总数不变而改变份数" 的做法，我们还可以采用 "份数不变而改变物体总数" 的变法，以突出每份中具体数量的变化，引导学生在变与不变中、在干扰中抓住知识的本质。

综上所述，出错并不可怕。曾经看到这样一个故事：一位女士去美国老师家做客，看见 3 岁的孩子正在用钥匙笨拙地开卧室的门，可是由于角度不对，怎么也打不开。正当她要帮助他的时候被老师阻止了："不要去打扰他，让他自己先犯些'错误'吧，试一会儿总能把门打开的，这样他就再也不会忘记怎样开门了！"

在实际教学中，大多是教师害怕学生出错，他们没有意识到学生的出错在教学中的价值，认为错误可能会造成学生的先入为主，此后扭转学生的认识就会比较困难，于是就会像上述课例那样刻意地回避学生可能出错的知识源点，防止学生出错而干扰学生的正常学习。

其实，在教学中，知识之"门"应该由学生自己去尝试打开，在犯错中进步才是学生学习的正常状态，不犯错的学习反而是不正常的，也是不可能的。有人说"教室是学生出错的地方"，此言甚是。波普尔把尝试和排除错误的方法看成新的学习方法，认为学习就是学习者对自身内在预设自由调整、自觉试误、自我淘汰、自然推进的自主过程。虽然上述课例中教师人为地设计了一条让学生思想不旁逸斜出的教学路径，但不等于说学生的思想就会风平浪静，并因此没有疑惑，学生一旦不被教师牵着走，其问题就可能会暴露出来。

所以，"纸包不住火"，教师完全没有必要刻意回避学生学习中可能出现的问题，因为刚开始的先入为主是不稳定的，学生会随着认识的不断进步而自我调整或自我纠正。上述课例中，教师只要引导学生抓住知识的本质，根据现阶段分数的意义来思考问题，也就是看份数而不是看个数，学生也就能够自己排除干扰，从纷繁的信息中找到知识的正道。从这一点上看，学生的出错是一种很好的教学资源，足以引起学生的注意和引发学生的思考。何况"吃一堑，长一智"，此时，学生经历出错的学习，对知识的印象将会变得更加深刻，对知识的理解也将会变得更加深刻，也就会产生"再也不会忘记怎样开门了"的良好效果，在不断的磨炼中慢慢地体察到量与率的区别。

要体察到分数量与率的区别，也是学生学习的难点，需要教师有意识地设计。其中，设计比较情境可以加深学生的理解。例如，在上述课例教学后，我们不妨翻出上述课例的"前身"——三年级上册"分数的认识"的教材例题的情境图（如下页图），我们可以发现"把 4 个苹果平均分成 2 份，把 2 瓶

把每种食品平均分成2份，每人分得多少？

矿泉水平均分成 2 份，把 1 个蛋糕平均分成 2 份"都可以用分数 $\frac{1}{2}$ 表示，它们都表示一个整体的 $\frac{1}{2}$，这样就可以实现两节课的前后呼应，让学生用学到的新知识重新研究老情境，同一情境两种解读，这样的强比较可以加深学生对分数的认识——分数既可以表示具体数量，又可以表示两者关系。学生"拿着新船票登上老客船"，首先生发好奇，然后领略到别样的风景——感叹"竟然还能这样看"。

　　另外，教师害怕学生出错的心理，同样会导致学生自己害怕出错的心理，学习由此变得谨小慎微，遇事缩手缩脚和做事束手束脚，这正是学生学习创新的大忌。所以，面对学生学习中的出错，教师不必大惊小怪，而应知道这是学生学习中的必然，然后也让学生懂得出错并不等于出丑，而是以后学习能够出彩走过的一个个脚印。

　　作家叶倾城在一篇文章中写道："恕我恭喜你：恭喜进入真实世界，恭喜你从此拥有了犯错误的机会——我们都是这样错了又错，才长大的。"在教学中，教师应该给学生犯错误的机会，让学生在错了又错（但不是错了再错的毛病）中长大，这才是真实的教学。有人说得好："人都会有过失，只有在重复这些过失时，你才犯了错误。"

04 "都是开放惹的祸"？

又有一位教师执教三年级"认识一个整体的几分之一"——

师：熊妈妈准备了一箱苹果，平均分给兄弟俩，每人得到这箱苹果的几分之几？

生：每人得到这箱苹果的 $\frac{1}{2}$。

师：你们猜猜这个箱子里会有多少个苹果？请同学们拿出空的苹果箱（磁性小黑板）和信封里的苹果（磁性红色圆片），我们来帮熊妈妈分一分。

教师挑选 2 个苹果、4 个苹果和 6 个苹果的学生作品板贴在黑板上，并让学生向全班介绍自己小组的作品。

此时，有一名学生小声询问：老师，我猜这个箱子里有 3 个苹果，可以吗？

是啊，其他学生也产生了同样的疑问：箱子里可以是 5、7、9……个苹果吗？

教师反问道：这样能分吗？

学生没能分出结果来，教师趁机告诉学生：其实呀，不管箱子里有多少个苹果，只要是平均分成 2 份，每一份都是它的 $\frac{1}{2}$。

……

在课的最后环节，教师出示一条线段（如下图），提问：你能找到 $\frac{1}{2}$ 吗？

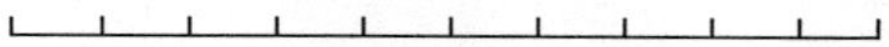

许多学生在这条线段上找到这样的 $\frac{1}{2}$（如下图）：

教师接着启发：你还能找到 $\frac{1}{2}$ 吗？

许多学生找到了更多的 $\frac{1}{2}$（如下图）：

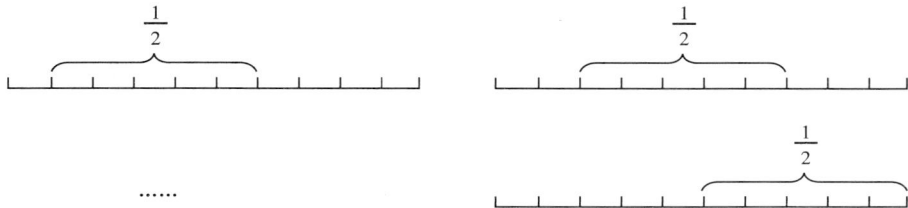

......

此时，有一名学生找到了这样的 $\frac{1}{2}$（如下图）：

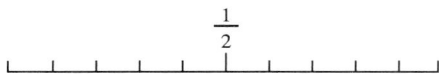

教师追问：你是怎么想的？

这名学生回答：这个地方正好是这条线段的一半。

教师顺势在他的作品上添加了两个大括号，擦掉了原来的 $\frac{1}{2}$，添上了这样的两个 $\frac{1}{2}$（如下图）：

教师接着补充道：其实这名同学的意思也就是把刚才的这两张图（如下图）合在了一起。

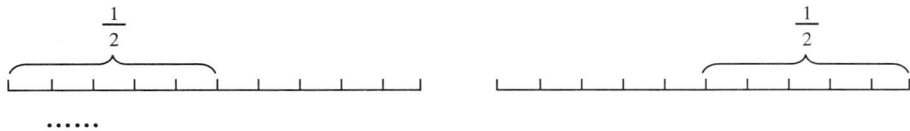

......

👨‍🎓 "问"：病历记录

课后，我问执教教师："在教学预设时，你有没有想到学生会想到一个箱子里有 3、5、7、9……个苹果这些可能呢？"

"我想到了。"教师胸有成竹地回答，"但我在反馈时可以只选一个箱子里有 2、4、6、8……个苹果这些例子。"

"那如果是一个箱子里有 3、5、7、9……个苹果，你觉得可以平均分成 2 份吗？"我接着问。

"这个……，还真不好分。教材也没选择这些数据。"此时，教师有点懊悔，"都是开放惹的祸。"

……

之后，我找来一些学生，问："你会把 3 个苹果平均分给两个人吗？"

有学生这样分："先每人 1 个，然后把剩下的 1 个一分为二，每人分得半个，合起来就是每人分得一个半苹果。"

……

最后，我找来那个说"这个地方正好是这条线段的一半"的学生，问："老师的解释，是你想说的意思吗？"

这名孩子摇了摇头，又点了点头，也说不清楚。

……

📜 "切"：病理诊治

上述这节三年级"认识一个整体（一群物体）的几分之一"的新授课，可以说是由"认识一个物体的几分之几"到"认识一个整体的几分之几"的重要转折，从分数的"数量比"过渡到"份数比"，是学生认识的一次飞跃，也是学生分数知识学习中的一个难点，教师教得累，学生也学得累。

在起点教材"认识一个物体的几分之一"这一节课中，一开始就由例题情境图（如下页图）分得的结果"$\frac{1}{2}$ 个"这个具体数量转换成"一个蛋糕的 $\frac{1}{2}$"，其中"$\frac{1}{2}$"成了表示部分与整体之间关系的一个数。

半个也就是二分之一个。

把一个蛋糕平均分成 2 份，每份是它的
二分之一，写作 $\frac{1}{2}$。

之后，教材开始专门长时间地研究这种表示两者关系的分数，以致一看到分数，脑海中就会跳出"谁是（占）谁的几分之几"，例如上述课例最后环节的设计，"你能找到 $\frac{1}{2}$ 吗？"的本意应该是"你能找到这条线段的 $\frac{1}{2}$ 吗？"，只是教师在匆忙中漏说了单位"1"。教师的意图是想让学生能够找到"这条线段的 $\frac{1}{2}$"的多种表示方法，由此它可以看成一个开放性问题。事实证明，学生确实能够依据部分与整体之间的关系找到更多的"这条线段的 $\frac{1}{2}$"。

在此，我想说的是，其中有一名学生提出与众不同的观点——"这个地方正好是这条线段的一半"值得我们思考，从课后的交流看，这尚是学生一种模糊的直觉，他或许表达的依然是"这个地方把这条线段一分为二，每一份是这条线段的 $\frac{1}{2}$"，这也就是教师随后的处理操作。我们继续揣测，如果他想表达的是"只有这个地方（这个点）正好是这条线段的一半，其他地方（其他点）都不能用 $\frac{1}{2}$ 这个数表示"，那么恰好给了教师进行知识延伸的机会，教师可以做这样的技术处理：把线段巧妙地变成数轴（如下图），或者先变成一条数射线（可视为数轴的雏形），充当分数的"份数模型"向"除法的商"定义过渡的几何载体。

$\frac{1}{2}$

0   1

此时，这名学生所画的这个点的位置所表示的数就是" $\frac{1}{2}$ "，等值于"0.5"，" $\frac{1}{2}$ "这个数所在的位置就是固定的，我们可以把它写在数轴的下面，与"0""1"等数"平起平坐"（如下页图）。

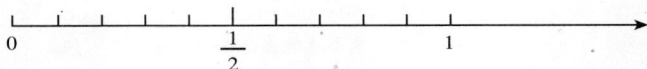

在此意义上，"你能找到 $\frac{1}{2}$ 吗？"这一属于教师没说清楚的开放性问题，反而给了学生更大的思考空间，只要教师合理引导，学生就可以丰富对分数的认识。如果教师具有高超的资源捕捉能力和转化能力，此时就不必为没说清楚的教学"事故"而懊悔，相反应该为能导出不可多得的生成资源这样的教学"故事"而感到幸运。可以说，掌握分数概念的重要标志是理解分数所表征的这些相关但不同的意义。

在教学"认识一个整体的几分之几"的时候，尽管我们只需要关注分得的份数和取得的份数（上述课例设计，教师之所以把"一个箱子"作为教学素材，也是想刻意回避总数和每份数等具体数量），然而学生很难绕开以往具体数量的思维惯性，总想算一算总数被平均分后每份数是多少。于是，课中学生冒出"老师，我猜这个箱子里会有 3 个苹果，可以吗？"这样的问题，其实并不奇怪。

对这个问题，执教教师之所以感到难以回答，从课后的交流中可以获知，是教师认为它们难以"平均分"，然而学生却有办法——"先每人 1 个，然后把剩下的 1 个一分为二……"。当然，我们还可以引导学生这样"平均分"：把每个苹果一分为二，得到 6 个半块，然后把 6 个半块作为一个整体平均分成 2 份，每份 3 个半块，合起来就是 1 个半苹果（如下图）。由此可见，3 个苹果平均分成 2 份，也是可以"平均分"的。

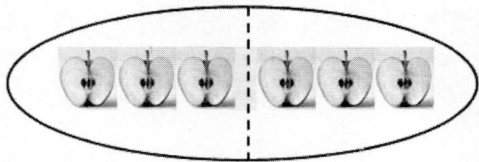

如果说"把 3 个苹果平均分成 2 份，每一份是多少个"，因为分的份数比较特殊，尚且"好"分，学生能自己想到"先分整个再分单个"的方法，也能理解"先全部分成半个后再分"的方法，那么对"把 3 个苹果平均分成 4 份、5 份……，每一份是多少个"等情境，学生就不能轻松应对了。当然，学生也有可能受"先把每个苹果一分为二然后再分"的启发，想到"先把每个

苹果一分为四、一分为五……，然后再分"。也就是说，如果执教教师一开始就知道它们是可以"平均分"的，在教学中也会刻意避开后一类问题，因为这样分要绕一个弯，实际上教材在选择数据时也刻意回避这一类问题。

J. 马丁（J. Martin）总结出"整体'1'"可以分为以下六种情况，以 $\frac{1}{5}$ 为例：（1）1 个物体，例如 1 个苹果，平均分为 5 份，取其中的 1 份；（2）5 个物体，例如"5 个苹果"，其中的"1 个苹果"占"5 个苹果"的 $\frac{1}{5}$；（3）5 个以上但是 5 的倍数，例如"10 个苹果"，平均分为 5 份，取其中的 1 份；（4）比 1 个多但比 5 个少，例如"2 个苹果"作为"整体"；（5）比 5 个多但不能被 5 整除，例如"7 个苹果"作为"整体"；（6）一个单独物体的一部分的 $\frac{1}{5}$，例如 1 个苹果的 $\frac{3}{4}$ 的 $\frac{1}{5}$。其中，第（1）（2）（3）种情况，在三年级上册"认识一个物体的几分之几"和三年级下册"认识一群物体的几分之几"中作为研究素材进行教学，而第（4）（5）种情况所反映的这一类问题就是五年级下册"分数与除法的关系"的教材内容（如下图）。

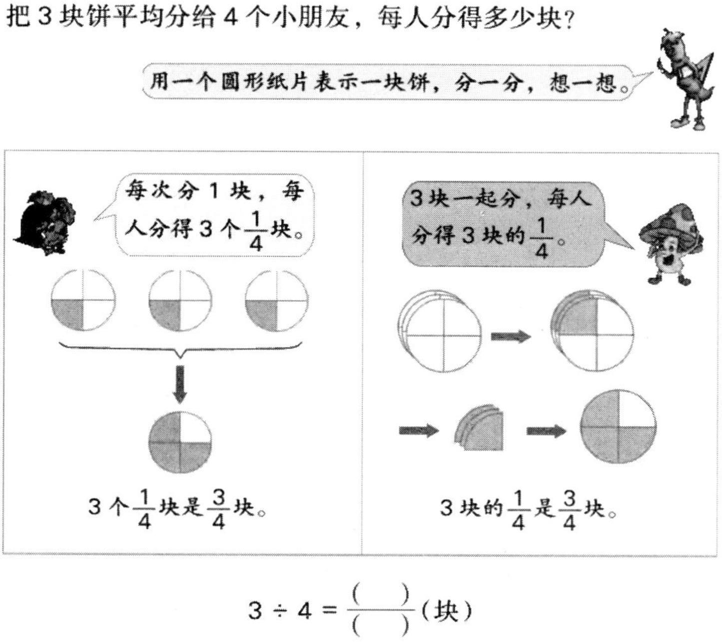

把 3 块饼平均分给 4 个小朋友，每人分得多少块？

用一个圆形纸片表示一块饼，分一分，想一想。

每次分 1 块，每人分得 3 个 $\frac{1}{4}$ 块。

3 块一起分，每人分得 3 块的 $\frac{1}{4}$。

3 个 $\frac{1}{4}$ 块是 $\frac{3}{4}$ 块。

3 块的 $\frac{1}{4}$ 是 $\frac{3}{4}$ 块。

$$3 \div 4 = \frac{(\quad)}{(\quad)} （块）$$

上述课例，教师设计的问题——"你们猜猜这个箱子里会有多少个苹果?"，让第（1）种至第（5）种情况都有出现的可能，在此意义上，这一问题也属于开放性问题。从教师课后交流看，教师在设计这一开放性问题的时候，虽然预设到了学生可能会想到各种情况，也对此预设了应对之策——"但我在反馈时可以只选一个箱子里有 2、4、6、8……个苹果这些例子"，但是教师这样有选择地处理，只能说是一种"假开放"，所以教师事后感到懊悔——"都是开放惹的祸"。其实，这样的开放恰恰顺应了学生的原始思维，暴露了真实的学习状态，只要教师尊重学生、相信学生，因开放而惹来的"祸"无疑又是一次丰富学生对分数认识的机会，所以教师完全不必为此而懊悔。另外，我在想："分数与除法的关系"的教材内容能否早一点教学？以早一点给上述课例遭遇的尴尬一个说法。

05 从1到单位"1"，只是换了一个"马甲"？

"望"：病例观察

"分数的意义"是苏教版小学数学五年级的内容。教师出示例1——

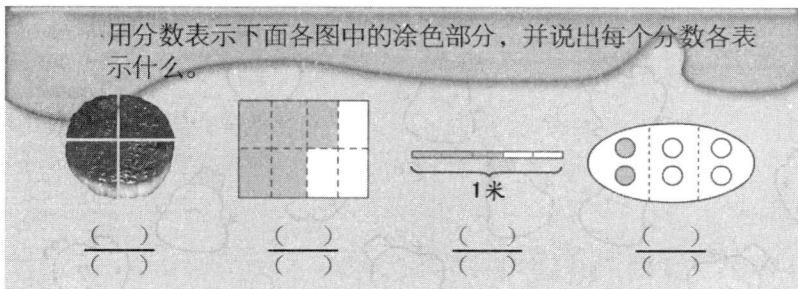

用分数表示下面各图中的涂色部分，并说出每个分数各表示什么。

1米

( )
( )
( )
( )
( )
( )
( )
( )

师：请大家根据每幅图的意思，用分数表示每幅图中的涂色部分。想一想每个分数各表示什么？在小组内交流。

师（小结）：一个物体、一个计量单位或由许多物体组成的一个整体，都可以用自然数1来表示，通常我们把它叫作单位"1"。

坐在我旁边的一个学生嘀咕了一句："不能就说1吗？干吗还加个引号加个'单位'？"

教师并未给学生质疑的机会，接着揭示分数的意义：把单位"1"平均分成若干份，表示这样的一份或几份的数，叫作分数。

"问"：病历记录

课后，笔者询问上课教师："你觉得这节课难吗？"

上课老师轻松地回答："不难。因为学生之前已经学过'分数的初步认识'，这节课只是把分数平均分的总数用单位'1'表示，然后用文字概括出分数的意义。其他也没什么新的内容，学生感觉好像是一节复习课，例1中的那些图都是学生以前学过的。"

笔者接着问："单位'1'与自然数1有区别吗？单位'1'的1上为什么要加个引号？"

上课教师胸有成竹地答道："单位'1'就是整体'1'，并不是真的指1个，所以要加上引号。分数是分出来的数，单位'1'相当于总数、份数、每份数中的总数。"

笔者最后问："单位'1'与整体'1'有区别吗？单位'1'的'单位'一词是否别有用意呢？"

上课教师对这个问题感到奇怪也感到疑惑："单位'1'与整体'1'应该只是说法不同吧？单位'1'只是一种名称吧？"

笔者又找来那个课中嘀咕的学生问道："你现在知道为什么叫单位'1'了吗？"

学生答道："我是这样想的，单位'1'就是1后面可以加上很多单位，例如1个饼、1个圆、1箱苹果……"

……

"切"：病理诊治

正如上述课例中那样，虽然在小学阶段分数是学生最难理解的数，但对这节课，许多教师认为并不难，只需要把以前教学的"分数的初步认识"归纳一下，然后引进单位"1"这个新名词概括一下，抽象出分数意义即可。然而，事实并非如此，课中和课后学生的困惑正是本课教学的难点。

从数系看，分数是自然数系的第一次扩充。虽然学生之前已经学过了"分数的初步认识"，但他们对分数意义的理解还是相当模糊的，首先表现为对单位"1"的理解。单位"1"绝非一个新名字那么简单，它直接牵涉到学生对分数意义的理解。在之后的分数学习之路上，学生会越来越发现单位"1"对解题的重要，或许学生可以根据教师讲的快捷方法找到单位"1"，但这更多的是一种机械学习。那么，单位"1"是否如上述教师和学生理解的那样呢？

在教学中，教师大多能在"多个物体组成的整体"中发现单位"1"与自然数 1 的区别：一个整体的"1"是单位"1"，而整体中的每一个物体的"1"就是自然数 1。许多教师还能这样区分：用于等分时的"1"是单位"1"，用于数数时的"1"是自然数 1。例如：把一个苹果平均分成 4 份，这时的一个苹果的"1"是单位"1"，而在数有几个苹果时的"1"是自然数 1；把 5 个苹果平均分成 5 份，这时的 5 个苹果作为一个整体的"1"是单位"1"，而 5 个苹果中的一个苹果（分得的结果）的"1"是自然数 1。

根据教材所示的分数份数定义，教师具有"分数是分出来的数"的认识，由"分"就会想到总数、份数、每份数，那么单位"1"是否如上述上课教师所认为的那样等同于总数呢？

华罗庚说："数起源于数，量起源于量。"对度量维度的研究，可以大大丰富学生对分数的认识。度量（跟小学生说，可能用"测量"更合适）需要一个单位，也就是度量需要有一个标准。《辞海》中对"单位"一词解释为：量度中作为计数单元所规定的标准量。引用于分数，这个"度量"单位（实际上是计数时的参照标准。对小学生，"度量"这种说法要比"计数"更直观形象）就是单位"1"。由于用单位"1"度量时，有时能整次数量完，这时可以用整数记录次数，有时就不能整次数量完，有剩余现象，这时就需要把剩余部分，再用另一种新的较小度量单位来进行度量和计数，这种与原来的计数既有区别、又有联系的新的计数方法就是分数（这一思路与以前教材曾编排"用米尺测量黑板长度最后剩下的一段不够 1 米来引出分数"基本相同）。这段论述可以帮助我们认清单位"1"的真实面目。

一是单位"1"与自然数 1 既有联系又有区别。单位"1"中的"1"是与其他事物比较时的一种表示方法，为了与自然数 1 相区别，故加上了引号（在教学中，教师可以借助语文中引号"表示特定的称谓"这一作用帮助学生理解）。上述课例，教师所揭示的"一个物体、一个计量单位或由许多物体组成的一个整体，都可以用自然数 1 来表示，通常我们把它叫作单位'1'"，这种照本宣科无法让学生看到单位"1"与自然数 1 的区别。

二是单位"1"与整体"1"既有联系又有区别。如上述课例那样，许多教师常常把单位"1"看作整体"1"的数学专用术语，甚至认为整体"1"只指由多个物体组成的一个整体。对此，我们可以思考这样的问题：如果 1 仅仅作为一个整体，何必要单位？它只有在计数时才需要考虑单位。也就是说单位"1"指向的是计数，而整体"1"更多的指向于这个数本身，更多的体现的是一种独立的意义，而不指向于计量或计数的性质，即较少体现出与其他数的关系。换一种说法，1个物体独立存在的时候，它更多的是可以看作1个整体（整体"1"），而不是单位"1"；只有当它跟多个物体1，需要计数时才需要"单位"。从"度量"上看，因为度量单位是可以任意确定的，所以单位"1"就不一定只是一个单个物体，它也可以是多个物体组成的一个整体，或是一个单个物体的一个部分。由此可见，上述上课教师所认为的单位"1"等同于总数的想法并不正确。

上述课例中，学生望文生义，虽然把单位"1"的"单位"错误理解成了单位名称，但反映出学生普遍有着学习的警觉性和知识的敏感性。单位"1"的如此深意，该怎样让五年级的学生有所感觉，从而让他们解开心中的疙瘩呢？对此，《福建教育》原数学编辑钟建林建议：第一，让学生知道这里学习的"1"，跟原来的自然数1是有区别的，因为这里的"1"，常常是将特定的对象看作整体，当作1个部分。这些特定的对象，可以是1块饼、1个长方形，也可以是5个人、6个圆，还可以是半个苹果。第二，这样的整体，有时不只1个，可能会有好几个。第三，自然数1，一般具有绝对性，而单位"1"常常具有相对性。

以上三点（特别是后两点）的达成并非一日之功。在具体教学中，我们可以分三步来帮助学生理解。

第一步：用米尺测量黑板长度。此时1米看作"1个单位"（也就是单位"1"），量了3个整次数，那么就得到3个单位"1"，也就是3个1米，记作3米，剩下的不够1米，如果把1米这个单位"1"平均分成10份，剩下的正好是其中的3份，那么就得到了一个新的数$\frac{3}{10}$（$\frac{3}{10}$个单位"1"），也就是$\frac{3}{10}$个1米，记作$\frac{3}{10}$米。现在的教材呈现的只是最后一段把单位"1"进行"分"的过程，不重视用单位"1"进行"量"的过程，于是让人感觉到似乎"分数是分出来的数"。

第二步：将连续量换成离散量。有6个苹果，如果分别用1个苹果、2个苹果、3 个苹果看作单位"1"去"度量"（借用上述活动经验，计数的形象化理解），那么 6 个苹果就会有这样的 6 个单位"1"、3 个单位"1"、2 个单位"1"。用不同的单位"1"去计数，会产生不同结果。前一活动中，单位"1"的量正好对应着一个长度单位，而这一活动中，单位"1"的量没有一个特定的单位名称相匹配（这也就是学生理解此类单位"1"的难点）。

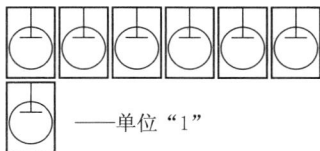

记作6（表示6个单位"1"）

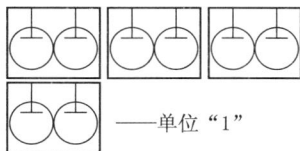

记作3（表示3个单位"1"）

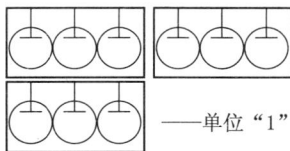

记作2（表示2个单位"1"）

接着，当我们把 4 个苹果当作单位"1"去"度量" 6 个苹果（如下图），一次"度量"后剩下的 2 个苹果不满 1（1 个单位"1"），而正好是把单位"1"（4 个苹果）平均分成 2 份中的 1 份，于是得到了 $\frac{1}{2}$（$\frac{1}{2}$ 个单位"1"）。

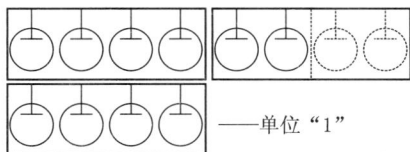

记作1 $\frac{1}{2}$（表示1个单位"1" + $\frac{1}{2}$ 个单位"1"）

如果继续用单位"1"为 7 个苹果组成的整体去"度量" 6 个苹果，就可以一下子衔接到现有教材教学分数意义常用的例图（如下图）。

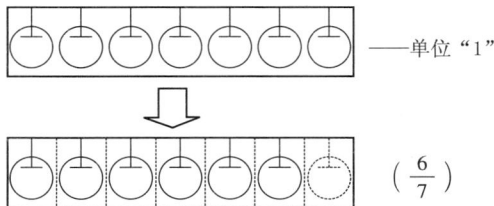

$\left(\frac{6}{7}\right)$

至此，有了前面的铺垫过程，学生清晰地看到了用单位"1"去"量"的过程，也就能大体明白：在分数意义中，把单位"1"平均分是因为不够"量"，平均分成几份是由比较量决定的。这里，学生除了感觉到"分"的过程，也能感觉到"量"的过程，还能隐约感觉到"比"的过程。这样，学生对分数意义的理解才能更深刻。例如对 $\frac{6}{7}$，除了套用教材所写的分数意义："把 7 个苹果看作单位'1'。$\frac{6}{7}$ 表示把单位'1'平均分成 7 份，表示这样的 6 份。"学生还可能会这样理解："$\frac{6}{7}$ 表示用 7 个苹果组成的单位'1'去度量 6 个苹果所得到的新的数。"

第三步：为教材再打一个"补丁"，弥补现有教材只出现把一个物体以及几个物体组成的整体看作单位"1"的问题。教师提供如下图所示的例子进行对比："同样是半个苹果，为什么表示的结果却不一样？"（因为第一幅图把一个苹果看作单位"1"，第二幅图把半个苹果看作单位"1"。）让学生明白单位"1"也可以是一个单个物体的一部分（以后的学习，学生会遇到有些题目的解答可以根据分数比的定义，确定其中某一部分量为标准——单位"1"，其他的量再与它进行比较，从中找出不同量之间的关系，最终确定相关量的大小）。

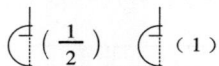

如此教学"插曲"，学生对单位"1"是比较的标准会有深刻的印象。当然，我们不能急于求成，允许学生有不严密的理解。

分数的不同定义，也会帮助学生更好地理解单位"1"。张奠宙认为，分数定义按人们认识发展的顺序，一般有份数定义、商定义、比定义、公理化定义四种（小学分数教学涉及前三种）。教材所示的分数意义属于份数定义，是从分数的"面积模型"（用一个物体或图形的面积表示部分与整体之间的关系）和"集合模型"（用集合中的"子集—全集"来表示分数）的维度来引入分数的。用份数定义引入分数是非常自然的，因此，教材可以把分数的份数定义作为教学起点，但是不宜过分强调，教师应帮助学生向更抽象的分数定义转移。连接上述"三部曲"的教学渗透，我们还可以在一年后"比的意义"教学之前再续前缘，通过如下教学活动，强化学生对分数的比定义的感知——

　　教师出示一条线段，提问：你会表示出这条线段的$\frac{3}{5}$吗？

　　学生根据分数的份数定义，"分"出$\frac{3}{5}$；教师补上 1 号线段（见下图）：

这样，你还能找到$\frac{3}{5}$吗？

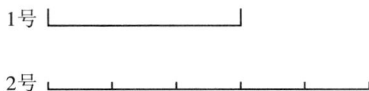

　　生 1：1 号线段有 2 号线段的 3 份那么长，所以 1 号线段有 2 号线段的$\frac{3}{5}$

那么长。

　　教师根据生 1 的回答在 1 号线段与 2 号线段之间连上虚线来帮助学生

理解。

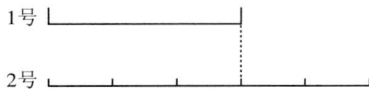

　　生 2：我把 2 号线段看作单位"1"，去"度量"1 号这条比较短的线段，

结果得到$\frac{3}{5}$。

　　教师根据生 2 的回答借助多媒体演示用 2 号线段去量 1 号线段来帮助学

生理解。

　　师：如果我擦去 2 号线段，1 号线段的这 3 份还能表示$\frac{3}{5}$吗？

　　生 3：不能。没有了 2 号线段，$\frac{3}{5}$的"5"不见了。

　　师：$\frac{3}{5}$不仅能表示出 2 号线段平均分的结果，也能表示出 1 号线段和 2

号线段这两个量之间的关系。请同学们再思考一下，我们能否把 1 号线段看

作单位"1"呢？

生 4：可以。我用 1 号线段作为单位"1"去度量 2 号线段的长度，发现 2 号线段有一个 1 号线段那么长，还多了 1 号线段长度的 $\frac{2}{3}$，合起来是 $1\frac{2}{3}$。

……

其实，从度量维度研究分数，既有"分"的过程，也有"比"的过程（比较量与标准量的比较），也就暗藏着分数比的定义。在分数意义的"转移"中，学生对单位"1"的认识也会发生一定的"转移"。上述教学，教师有意添加对象，强化了"比"，帮助学生从分数份数定义中一个对象的"总分关系"中走出来，看到了分数还可以表示两个对象的"彼此关系"，知道了单位"1"不仅可以是"这一个"，还可以是"那一个"，体会到了单位"1"的相对性，消除了学生可能存在的"标准量总是大于比较量""分数总小于 1"等误解。

综上所述，从自然数 1 到单位"1"，不只是换了一个"马甲"那么简单，其中有很多教学的文章可做。

06 操作活动,能有更大的"作为"?

这是一节"倍数和因数"课的教学片段——

师:你能用 12 个同样大小的正方形拼成一个长方形吗?想一想可以怎样摆?每排摆几个?摆了几排?用乘法算式把自己的摆法表示出来,同桌之间交流一下。

指名交流,根据学生的汇报呈现如下拼法:

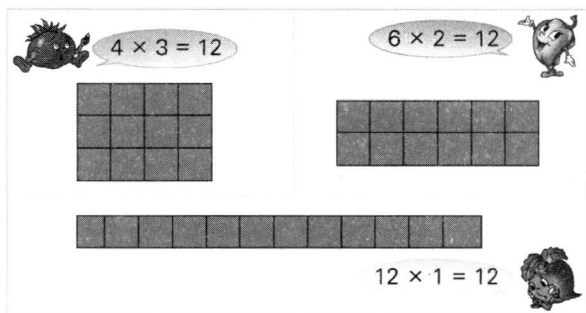

师:以"4×3＝12"为例,我们可以说"12 是 3 的倍数,12 也是 4 的倍数,3 和 4 都是 12 的因数"。为了方便,我们在研究倍数和因数时,所说的数一般指不是 0 的自然数。再看另外两道乘法算式,你能说说谁是谁的倍数?谁是谁的因数吗?

师:老师这还有一个算式"72÷8＝9",这个算式里谁是谁的倍数,谁是谁的因数呢?你是怎么想的?

师:对啊!通过"8×9＝72",我们就可以知道 72 是 8 的倍数,72 也是 9 的倍数,8 和 9 都是 72 的因数。

师:看来不仅乘法算式中有倍数和因数的关系,我们的除法算式中也有倍数和因数的关系。

"倍数和因数"知识在新教材中是在不教学整除知识的情形下编排的，教材通过操作获得的乘法算式引出"倍数和因数"知识，这是教材编写的变通与创新，这样可以避免同一单元内概念多而集中、抽象程度过高的现象和学生在学习时经常出现概念混淆、理解困难的问题，使教学更为生动有趣。

既然新教材增加了操作活动，我们就必须用好、用足这些活动，更好地为学生的学习服务，使之不仅是知识的引子，而且还是知识的影子。

一是让知识在操作活动中自得。虽然新教材不是从过去的整除定义（形式上是除法算式）出发，而是通过一个乘法算式来引出因数和倍数概念，但在本质上仍是以"整除"为基础的，只是略去了许多中间描述。所以，教师应该注意，尽管教材是从"乘法"引入，但教学不能忘记"除法"的地位，随时让学生感受到"整除"的知识影子。

对此，一种教学策略是像上述案例中那样在乘法算式之后补充除法算式，让学生说说"谁是谁的倍数，谁是谁的因数"，只是在此教师不必追问学生"你是怎么想的"，诱导学生把除法算式转化为乘法算式进行思考，因为"倍数和因数"知识本质上是以"整除"为根基的。

除此，另一种教学策略可以是改变操作活动后的要求，也就是把教材上的设问"用乘法算式把自己的摆法表示出来"改成"用算式把自己的摆法表示出来"，这样的问题更开放，学生可能用乘法算式表示摆法，也可能用除法算式表示摆法，这样让"倍数和因数"知识在教学的一开始就有了"整除"基因，并且这种基因是学生自己发现的，有效避免与除法算式相关内容的滞后，让学生的认识更全面，并可为之后寻找一个数的因数提供思考方法。

二是让知识在操作活动中自解。许多教师仅仅把操作活动作为引出乘法算式之用，之后就过河拆桥，忽视操作活动的深层价值。其实，利用操作结果，可以数形结合，有效地解释知识的重点和解决知识的难点。

在学生操作过程中，教师应该把学生潜在的思维过程反映出来，并使之与所学知识对应起来。例如教师在学生或许是散乱的汇报之后，应该结合图例对思考问题的方法进行有序指导，从"每排摆 1 个"开始依次想到"每排摆 2 个""每排摆 3 个""每排摆 4 个"……。其间，教师要注意学生思维的两次转折：第一，要及时追问学生"为什么不每排排 5 个?"，学生可能回答"这样不能正好为整排，摆不成一个长方形"，此时学生就可以隐约通过图示直观感受到"整除"的含义，并为之后"12 的因数为什么没有 5"等问题提供了几何直观和理论支持；第二，要让学生明白"每排摆 4 个"与"每排摆 3 个"、"每排摆 6 个"与"每排摆 2 个"、"每排摆 12 个"与"每排摆 1 个"最终呈现结果的一致性，可以把拼成的长方形进行旋转后重合，让学生知道它们属于一种结果的两种表现形式，至此，学生也就能够很好地理解一个数因数的不重复性，这一点恰恰是许多教师经常忽视的，一般只是由此点到算式归一的表面问题，却很少由此进一步点到因数归一的根本问题。

充分反映操作过程和充分利用操作结果，可以让抽象的知识有了生长的土壤，让学生理解得更正确、更全面、更深刻。又如，教师之后在解释"1 是所有自然数的因数"时，除了让学生观察列举的自然数因数的特点之外，还可以通过"所有同样大的小正方形都可以摆成一排拼成一个长方形"的操作图式，帮助学生明白其中的道理。

赋予了上述操作活动更大的教学功能之后，我们应该让后继教学环节与之配合，一脉相承，使教学更具有整体感和穿透力。首先，我们可以把教材中先教学"找出一个数的倍数"调整为先教学"找出一个数的因数"，因为课首的操作活动体现一个数的因数知识更"浓厚"一些。另外，攻克"找出一个数的因数"这一教学难点之后，学生自主探究"找出一个数的倍数"就显得轻而易举。其次，我们可以把教材中的例题"找出 36 的因数"调整为用操作活动引出的"找出 12 的因数"，先引导学生通过操作活动找出 12 的因数，然后把原来的例题"找出 36 的因数"变为教学"找出 12 的因数"之后的习题，引导学生脱离操作情境掌握寻找一个数的因数的一般方法。

07 教师能给学生自主学习的"地图"吗?

这是一节"5的乘法口诀"课的教学片段——

1. 教学例题

(1) 出示教材乘船图。

师:看到这幅图你知道了什么?

(2) 编写"5"的乘法口诀。

师:根据图表中的内容,你们知道1只船坐5人,是几个5?(板书:1个5)你能列出乘法算式吗?(板书:5×1=5)能编出这句口诀吗?(板书:一五得五)

师:那么,2只船一共有多少人?

生:10个人。

师:你是怎么知道的?

生:二五得十。

教师愣了一下,变换问法:"我是问你怎么列式的!"

生:5+5=10。

师:还可以怎样列式?

生:5×2=10。

师：这样对了。你会把 $5×2＝10$ 编成一句乘法口诀吗？

生：二五得十。

师：小朋友，你们能根据刚才的方法，把其他关于 5 的乘法口诀编出来吗？

……

师：看了这些算式与口诀，你发现了什么？（生自由说）

教师整理归纳：乘号前面都是 5，乘号后面是按从小到大的顺序排列的，积的结果也是从小到大并且上下相邻的两个数都相差 5。

（3）熟记口诀。

学生自由记口诀，然后师生对口令。

……

"问"：病历记录

课后，我问那个直接说出"二五得十"乘法口诀的学生："你是不是早就能背出 5 的乘法口诀了？"

孩子捏着衣角，低着头，犯了错似的，低声答道："嗯。"

我继续说道："不错啊，能自己学会了。那你是怎么知道的呢？"

孩子看到我并没有批评她，抬起头很是骄傲地告诉我："我妈妈早就让我背熟了。"旁边的同学也纷纷抢着告诉我其实他们也会了，有的是从文具盒上印着的乘法口诀表中看到的，还有一个孩子兴奋地告诉我这样一个诀窍："有时候背不出忘记了只需要看看自己的手，因为一只手有 5 个手指……"

"切"：病理诊治

在教育的隐喻中，有人曾经把老师比作导游。2013 年教师节前后，网络上疯传了一篇学生作文，引起了大家的热烈讨论——"老师到底应该是园丁还是导游？"

"我希望老师像导游……而不像园丁，修剪掉我们不听话的枝丫，最终让我们长成了只会听话的植物。"这些文字出自一名小学六年级学生的作文，题目叫作《园丁与导游》。小作者质疑"园丁"的比喻真的适合老师这个职业吗？在小作者看来，如果孩子是花草，老师是园丁，已经种在花园里的花草"命运都已经是安排好的"，就像"牡丹不会变成玫瑰，百合不会变成月季"，花草们只能被动地吸取养分然后长大，却"没有自己的想法"。小作者建议用"导游"来替代"园丁"。他把原因阐释得通俗而透彻：导游仅仅是带领大家走进风景，去看风景，至于怎么看，看到了什么，各有不同。就像学习一样，同样的知识，我们对它们的理解不同，也就造就了不同的人才。

我碰到过很出色的导游，他能充分利用时间，在车上便介绍观光景点，让游客有个心理准备，发现自己的兴趣所在。到了景点处，他会挑重点介绍，在你有疑问或者困难时，又会在旁边热情指点、帮助。当然我也碰到过很差的导游，也许他也有出色的口才和专业的知识，但是他不知道什么时候该讲，什么时候不该讲。在车上，他一声不吭。到了景点入口处，他却开始口若悬河、滔滔不绝，令人不胜其烦。他这么一说，游览时间被缩短了一半。

美国的特林·芬瑟（Torin Finser）博士曾写过一本著作，书名是《学校是一段旅程》，由此推想，教学就是一次旅行。在学习中，教师就应该像导游，引领学生领略知识的风景。导游要该讲的时候讲，该让游客自己看的时候看，在游客有困难的时候伸出援手。刘墉曾说过，教师既要引起学生的动机、兴趣，指点学习的途径和方法，又要留些空间，让学生自己去品味。

导游是一个服务性行业，其实教师也应该为学生服务，为学生的学习服务。导游职业的文化性决定导游的服务是审美和求知的媒介，这又给我们的教学功能提供了一个启示。教师不仅要引导学生发现知识的存在，更要引导学生发现自己的存在，这样教师也就发挥了导游的功用。导游的讲解注重循循善诱地指导游客以最合适的角度去欣赏风景，教师的讲解同样需要注重循循善诱地指导学生以最合适的方式去欣赏知识的风景。

教师像导游，其意义是在告诉教师应像导游那样给予学生充分的时间与空间进行自由探索，而不是压制学生个性化的表达。不过，我认为，把导游作为理想中的教师形象也并非完美。因为导游往往根据事先安排好的路线带领游客游玩，在这个过程中，游客缺乏自主性。而相比之下，学习则更多的是学生自己的事情，应让学生能够自己去"修学旅行"。当然，我们大可不必求全责备，教师像导游这样的教育隐喻，将导游职业美好的一面放大，实际上也体现了人们对教师的殷切期望。

由此，我想到了另一种"修行"更高的旅行方式——自助游，自己设计路线，自己安排旅途中的一切，自由、主动、深刻、充满艰辛和诗意。自助游最大的特色就是旅游内容自主性很强，每个人都有充分的时间来享受旅途中的趣味，即使是行程安排得恰当的半自助游，也可享受到自由自在的活动与旅游内容。

在教学中，为了能够体现学生的高度自主性，教师应该尽可能地组织学生学习的"自助游"。特别对属于"一类"的教材，因为它们具有知识结构类似和教材结构类似的特点，更容易实现学生学习的"自助游"。此时，教师只需要为学生指明学习的"方向"，提供学习的"地图"，就可以让学生循序渐进、按图索骥，"自修"到知识。

上述"5 的乘法口诀"这节课，尽管学生是二年级的孩子，似乎自主能力尚浅，但因为学生之前接连学过了 1—4 的乘法口诀，这些教材"容貌"的相似度极高，学生在学习时已经相当熟悉旅行的路线和沿途的风景。不过，熟悉的地方没有风景。相同"风景"的课，越往后教，学生会越感无趣。所以，为了让熟悉的地方仍有风景，我们不妨放手让学生"自助游"学习"5 的乘法口诀"这一节课，换一种"旅游"方式，带给学生一种新感觉。具体做法如下——

首先，在课的开始，复习 1—4 的乘法口诀，完成以下乘法口诀表：

一一得一			
一二得二	二二得四		
一三得三	二三得六	三三得九	
一四得四	二四得八	三四十二	四四十六

此时，这张 1—4 的乘法口诀表就是学生继续"修学旅行"的一张"地图"，教师可以让学生看着这张"地图"推想下一个旅行的"地点"："你认为，我们接下来会学习什么？"学生根据前期"行"知经验很轻松地说出："我们接下来会学习 5 的乘法口诀。"接着，教师继续让学生由这张"地图"推想这一个游览地点会有几个"景点"："你认为，5 的乘法口诀会有几句？"学生同样根据前期"行"知经验很轻松地说出："5 的乘法口诀会有 5 句。"教

师顺势在 1—4 的乘法口诀表中标出 5 的乘法口诀的"方位",如下表:

一一得一				
一二得二	二二得四			
一三得三	二三得六	三三得九		
一四得四	二四得八	三四十二	四四十六	

当然,如果已经有学生能够背出 5 的乘法口诀,教师不妨根据学生的背诵把 5 的乘法口诀填入表格(此处要提醒学生注意:在数学中,一般不说"二五得十",而说成"二五一十"),然后问学生:"你知道这些乘法口诀表示什么意思吗?"继而为已经会的学生提供讲解材料,或者为还不会的学生提供探究材料,例如教材上所示的情境图,除此,我们还可以启发学生利用手作为材料,通过说一说、算一算、编一编等活动,完成 5 的乘法口诀的确认。此中,对已经会的学生来说相当于当了一回"小老师",对还不会的学生来说进行了一次具有创造性学习的"自助游"。当学生经历了这样一番"自助游"之后,后续 6—9 的乘法口诀的自主学习会越来越老练。

在研究 5 的乘法口诀的特征时,我们不能仅仅满足于让学生发现"乘号前面都是 5,乘号后面是按从小到大的顺序排列的,积的结果也是从小到大并且上下相邻的两个数都相差 5",而应该继续让学生进一步发现积的个位数都是 0 和 5,为以后学习能被 5 整除数的特征做准备。

同样,在练习的时候,如果我们有意识地在原题上向前跨一步,也就可能会让学生有新的收获和新的感悟。例如这节课的练习中有这么一题:

跳5次,各跳到几?先画一画,再写出乘法算式。

0 1 2 3 4 5 6 7 8 9 10 11 12 13 14 15 16 17 18 19 20

□ × □ = □

0 1 2 3 4 5 6 7 8 9 10 11 12 13 14 15 16 17 18 19 20

□ × □ = □

按照原题设计，就是在非常"专一"地练习 5 的乘法口诀。如果我们在学生练习此题之后，多此一"举"：把"兔子每次跳 4 格"改成"兔子每次跳 5 格"，然后提出这样一个问题："它们各跳几次能够跳到一起？"其衍生出的增值功能至少有两个：一是为以后学习最小公倍数做准备。二是可以有效地解决有些学生在学习乘法口诀时产生的困惑："为何只编写到'五五二十五'，而不继续编写下去，例如'六五三十''七五三十五''八五四十'……"对此，我们就可以充分利用改编后的练习题来让学生有所感悟，我们可以让学生看青蛙：第一跳到第三跳，使用的乘法口诀并没有跳出"3 的乘法口诀"，但到第四跳，其所使用的乘法口诀可以跳到"4 的乘法口诀"中的"三四十二"，而无须在"3 的乘法口诀"中另编"四三十二"，同理，第五跳，其所使用的乘法口诀则跳到了"5 的乘法口诀"中的"三五十五"，也无须在"3 的乘法口诀"中另编"五三十五"（如下表）。至此，学生会慢慢地感悟到乘法口诀为何会设计这样的规则，那是为了人们求简的需要。

一一得一				
一二得二	二二得四			
一三得三	二三得六	三三得九		
一四得四	二四得八	三四十二	四四十六	
一五得五	二五一十	三五十五	四五二十	五五二十五

如果我们继续放远眼光，可以在课即将结束之时，把 1—5 的乘法口诀的总句数列成一个加法算式"1＋2＋3＋4＋5"，然后告诉学生这一连加算式也可以用一句 5 的乘法口诀来计算，这一知识的奇特风景会大大激起学生一探究竟的好奇心。此时，就需要教师发挥"导游"的作用，把上述乘法口诀表中的一句句口诀所在的格子看成一个个长方形，然后通过图形的移动和拼合：把"五五二十五"这一句乘法口诀所在的图形移拼到"二二得四"这一句乘法口诀上方，把"四五二十"和"四四十六"这两句乘法口诀所在的图形移拼到"三三得九"这一句乘法口诀上方，这样就拼成了一个大长方形（如下页表）。那么，这个大长方形中包含多少个小长方形呢？数形结合，学生会很容易发现"1＋2＋3＋4＋5"这一加法算式可以用"三五十五"这一句乘法口诀来计算。

一一得一	五五二十五	四四十六
一二得二	二二得四	四五二十
一三得三	二三得六	三三得九
一四得四	二四得八	三四十二
一五得五	二五一十	三五十五

上述"5 的乘法口诀"与"1—4 的乘法口诀",在知识结构上和教材结构上有着高度的一致性,学生感觉如同"故地重游",完全可以用相同的"旅游"经验来实现"自助游"。在教学中,还有一些教材,看似身处"异地",其实也在同一风景中。

例如"正比例"与"反比例"知识,性质虽然相反,但教学的"行程"相同。当学生学完"正比例"一课后,教师就可以引导学生由"正"及"反",推想出"反比例"的名称和意义。此时,学生学习的方向已经明确,接下来学习的路线和学习的工具就可以让学生自主选择。关于学习路线,学生会借鉴之前的学习经验,也会选择走一条在实例中探究的路,关于学习工具,学生也会模仿学习"正比例"时所用的例题(如下表)的格式,就地利用这个例题的材料进行改编,使之变成"在路程一定的情况下,研究一辆汽车的行驶速度和行驶时间之间的关系",从而替代原来"反比例"教材上所用的例题材料。在此意义上,"自助游"式的学习,真正让学习成为学生自己的事情,并在自己的事情自己做中"自编"出了教材。

一辆汽车在公路上行驶,行驶的时间和路程如下表。

时间/时	1	2	3	4	5	6	……
路程/千米	80	160	240	320	400	480	……

当然,在知识的"自助游"中,学生也会遇到自己解决不了的问题:"反比例还是比例吗?",此时又需要教师及时"导游",把反比例的乘式改换成除式,让学生在除式中更形象地看出反比例"反"在哪里,感悟到反比例中两种变量变化方向相反这一知识表征。

如果说上述乘法口诀和正反比例的各教材内容之间属于并列关系,先教其中的任何一课都可以让教学顺理成章,那么还有一种教材内容属于递进关系，不能任意改变知识的序列进行教学。对于这样必须按部就班的教材内容，例如对一组"认数"系列内容，学生"修学旅行"所需地图就可以依照知识的生长图（如下图）来实现自我游览。

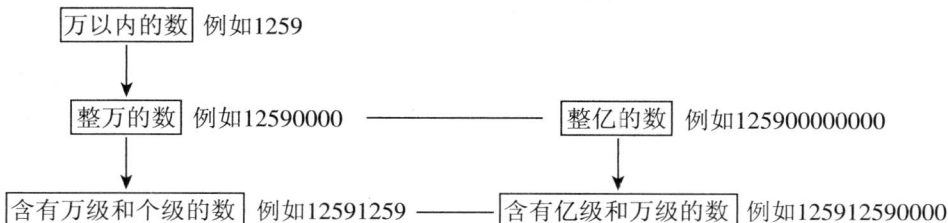

| 万以内的数 | 例如1259 |

↓

| 整万的数 | 例如12590000 —————— | 整亿的数 | 例如125900000000 |

↓ ↓

| 含有万级和个级的数 | 例如12591259 —————— | 含有亿级和万级的数 | 例如125912590000 |

从上述知识生长图的"生长"过程来看，只需教完"万以内的数""整万的数""含有万级和个级的数"等课后，教师就可以让学生根据前面知识的逻辑关系自行类推出"整亿的数"和"含有亿级和万级的数"。当学生找到了知识学习的快捷方式之后，就能轻松地完成整体知识的同化和学习方法的同化。

如果说上述"认数"单元的知识"地图"的制图方式是学生边走边想的话，那么还有一种制图方式是教师在单元知识的一开始就完整地交给学生，让学生在学习的一开始就明白最终要走到哪里，往哪里走，中途要经过哪些站点，这样的学习一开始就有了目标和方向，学生也能够清楚地看到自己学习的进程。当自己的学习离目的地越来越近时，学生的成功感也就会越来越强，也就能够愉快地欣赏"沿途"的知识风景。

例如在学习"倍数和因数"时，教师可以明白地告诉学生本课知识最终是为了什么（如下图）。当学生看到这样的知识生长图后，也就看到了即将展开的"修学旅行"的地图。

倍数 → 公倍数（最小公倍数）→ 通分 ↘
　　　　　　　　　　　　　　　　　　　　 分数计算
因数 → 公因数（最大公因数）→ 约分 ↗

综上所述，知识有生长图，学习有程序图，两图合一，就形成了一张知识学习的"地图"。根据这张"地图"，学生的学习就有了目标、有了方向、有了线路、有了计划、有了办法、有了比照，就能够轻而易举地自行寻觅到知识的宝藏。

08 如何在"血缘关系"中发展知识？

这是一节"整百数乘一位数的口算"课的教学片段——

一、复习

口算 10×7，40×8，30×9，8×90，6×50。

师：刚才我们复习的是以前学过的"整十数乘一位数的口算"。

二、新授

呈现教材情境图：

师：从图上你了解到哪些信息？根据这些信息你能提出怎样的数学问题？

师：同学们提出了很多问题，我们先来一起解决"小明要跑多少米"的问题，怎么列式？（板书 400×2）想一想 400×2 怎样计算？

生1：把 400 后面的 0 遮住，4×2 等于 8，然后在 8 后面添上两个 0，结果是 800。

师：还有其他想法吗？

生2：400×2＝400＋400＝800。

师：刚才第一位同学说的"把 400 后面的 0 遮住，4×2 等于 8，然后在 8 后面添上两个 0，结果是 800"这种方法也就是 4 个百乘 2 得 8 个百，8 个百就是 800。

......

師：观察一下，我们今天学的乘法算式，和以前学过的有什么不一样？（板书课题"整百数乘一位数的口算"。）

"切"：病理诊治

正如"芝麻开花节节高"，知识"开花"同样节节高。知识的发生与发展都遵循着一定的规则和一定的脉络，从低到高，从少到多，从简单到复杂，从特殊到一般，知识的"前世"与"今生"之间有着彼此相连、彼此相通的血缘关系，而知识的血缘关系是教师教学的节点，也是学生建立知识和建构知识的接口。

一是帮助学生找到知识的"血缘关系"。"整百数乘一位数的口算"这节课属于后继教材，它最近的血缘知识是之前学过的"整十数乘一位数的口算"，如果再往前找，那么"一位数乘一位数的口算"可以说是它的远亲。那么，教师怎样让学生自觉认识到它们之间的亲属关系？是直接告诉，还是间接引导？我认为应该采用后一种，关键是教师需要找到新旧知识的节点和接口。

上述案例中的课首复习，学生口算结束后，教师告诉学生刚才复习的是以前学过的"整十数乘一位数的口算"，然后直接进入新授环节。在这一新旧知识转换的节点，虽然教师复习了以前的知识，但学生还不会自觉意识到下面学的新知与上面复习的旧知之间的"血缘关系"。其实，教师只需在原话"刚才我们复习的是以前学过的'整十数乘一位数的口算'"之后添一句"猜想一下，我们接下来会学习什么样的口算？"，学生就会根据"整十数乘一位数的口算"进行联想，一种思路是改变其中的"整十数"，得到"整百数乘一位数的口算""整千数乘一位数的口算""整万数乘一位数的口算"等同胞知识；另一种思路是改变其中的"一位数"，得到"整十数乘两位数的口算""整十数乘三位数的口算""整十数乘四位数的口算"等同胞知识，在此教师揭示课题，告诉学生今天先学习"整百数乘一位数的口算"，至此学生已经把"整百数乘一位数的口算"与"整十数乘一位数的口算"联系了起来，也就会自觉迁移整十数乘一位数的口算方法来口算整百数乘一位数的题目。由此可见，小小的"添话"起到了"添花"的教学效果。

另外，在教学例题时，学生根据情境图列出的算式一般是"400×2"，此时教师不妨把它的双胞胎算式"2×400"也写上，让学生认识到它们的类型相同，口算方法也相同，获得一举两得的教学结果。

二是帮助学生找准知识的"血缘关系"。大多学生在口算"400×2"时，会采用口算整十数乘一位数的常用方法，正如案例中生1首先回答的"把400后面（末尾）的0遮住，4×2等于8，然后在8后面添上两个0，结果是800"，这是学生口算整十数乘一位数时的快捷思考方式。

只不过，对生1的这种回答，教师要弄清楚与它具有"血缘关系"的算理究竟是教材上介绍的哪一种？（如下图）

> 2个400米相加得800米。
>
> 4个百乘2得8个百，8个百是800。
>
> 4×2＝8
> 400×2＝800

是不是案例中教师所认为的"4个百乘2得8个百，8个百是800"？我认为，不是。理由是生1"把400后面（末尾）的0遮住"的做法，意为先不看400末尾的0，把400×2看成4×2，"然后在（得数）8后面添上两个0，结果是800"，这一过程如果写成竖式，我们更容易看懂学生的思想（如右图），这其实是一种类比思维，由"4×2＝8"类推出"400×2＝800"，即学生在进行合情推理，因为学生还没有学过因数的变化规律。

$$\begin{array}{r} 4\ 00 \\ \times 2\quad \\ \hline 8\ 00 \end{array}$$

生1（学生大多如此）的这种口算做法，很容易让教师误解为学生采用的算理是"4个百乘2得8个百，8个百是800"。我们还可以这样来判别：如果学生把400仍看作"4百"，其实质与数值没有发生变化，那么学生依据的算理就是"4个百乘2得8个百，8个百是800"属于合理推理；如果学生把400先看作"4"，其实质与数值已经发生变化，那么学生依据的算理则是"4×2＝8，400×2＝800"，属于合情推理。所以，教师一定要听懂学生的理由，帮助学生找准知识的"血缘关系"，因为不同的算理所反映的学生的思维方式不同。

09 制造认知冲突，能追逐知识真相吗？

"望"：病例观察

这是一节"乘数中间有0的乘法"课的教学片段——

1. 教学例1：0乘任何数都得0

师：同学们，你们听过《小猫钓鱼》的故事吗？谁能给大家讲一讲这个故事？

生1：我听过，我来讲。

师：其他同学要仔细听，看谁听得最认真，等会儿老师有问题要问大家。

生1：有一天，小猫背着鱼篓，拿着鱼竿，高高兴兴地去河边钓鱼，来到河边后看见一只蝴蝶飞来了，于是它就去抓蝴蝶；一会儿又飞来了一只蜻蜓，它又去抓蜻蜓。一天下来结果什么也没抓到，鱼也没有钓到。

师：小猫为什么一条鱼也没有钓到啊？

生2：因为它在钓鱼的时候去抓蝴蝶去了。

生3：因为它一会儿钓鱼，一会抓蝴蝶。

生4：因为它又钓鱼，又抓蝴蝶和蜻蜓。

......

生1：因为它一会儿去抓蝴蝶，一会儿又去抓蜻蜓，做事情三心二意，所以既没有钓到鱼也没有抓到蝴蝶和蜻蜓。

师：你回答得太好了，小猫因为做事情三心二意，所以不能把事情做好，我们学习知识也是一样，不能三心二意，要专心听讲，这样才能把知识学好。

师：假设还有几只"三心二意"的小猫，如果一只小猫钓到的鱼的条数是0条，那么两只小猫钓到的鱼的条数是多少呢？

生1：也是0条，因为一只小猫钓0条鱼，两只小猫就是两个0，两个0相加还是0条。

生 2：我也认为是 0 条，因为两只小猫钓到的鱼的只数就是两个 0，我用 0×2＝0，所以也是 0 条。

师：如果是 3 只小猫钓鱼，可以钓多少条鱼？如果是 4 只小猫呢？5 只小猫呢？……揭示：0 乘任何数都得 0。

2. 教学例 2：用竖式计算乘数中间有 0 的乘法

出示主题图（如下图），让学生独立思考并列出算式"102×4"。

体育馆一个看台有
102 个座位，4 个
这样的看台一共有
多少个座位？

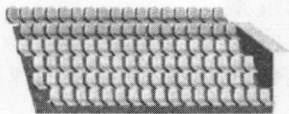

师：102×4 的结果大约是多少呢？

生 1：把 102 看成 100，100×4 的结果是 400，所以 102×4 的结果大约是 400。

生 2：因为 102 比 100 大，所以 102×4 的结果比 400 要大一些。

师：那 102×4 的结果究竟是多少呢？

教学用竖式计算 102×4：先算个位上 2 乘 4，结果是 8；再算十位上 0 乘 4，结果是 0；

最后算百位上 1 乘 4，结果是 4。所以 102×4 的得数是 408。

……

课尾，在解答最后一道练习（如下图）时，教师巡视发现有一些学生在计算 105×2 时没有列竖式，于是提醒他们不要忘记列竖式。

5. 奶奶买了一根 5 米长的红丝绳编中国结。
    (1) 编一个中国结要用红丝绳 105 厘米，编 2 个
        要用多少厘米？
    (2) 编好 2 个中国结，这根红丝绳还剩多少厘
        米？还够编 3 个中国结吗？为什么？

在解答第（2）小题的时候，教师也指导学生规范书写解题过程：

5 米＝500 厘米

105×2＝210（厘米）

500－210＝290（厘米）

105×3＝315（厘米）

290＜315

答：剩下的红丝绳不够编 3 个中国结。

"切"：病理诊治

乘数中间有 0 的乘法的计算过程，其计算程序与一般的三位数乘一位数相同，但计算的过程更加简单。虽然，这样触手可及的同化学习，很容易让学生得到新知识、新技能，但也容易让学生的学习缺乏挑战，如果教师的教学方式依然停留在"跟我学"上，那么这样的学习会让学生越来越感到无趣和无聊。对此，有效的做法是通过增加知识的冲突，促使学生产生思维的冲突，从而激发学生学习的兴趣和学习的需要。

一是在例题教学中让学生直面知识的冲突。正如上述课例中执教教师一样，一般教师都会遵照教材编排顺序，先教学第一个例题，再教学第二个例题，因为按照教学的惯例，我们一般会把一些知识障碍拎出来先突破，似乎这样可以为后期知识的学习铺平道路，减少学生学习的负担。然而，在教学第一个例题的时候，虽然设计了"小猫钓鱼"的情境，但也只能让学生感到一时的有趣，无法让学生一开始就知道这一知识有什么用、在哪里用，一直等到教学第二个例题的时候学生才恍然大悟。也就是说，"小猫钓鱼"未必能够很好"钓欲"——钓起学生学习的欲望。

顺便一提的是，上述课例"小猫钓鱼"的故事成分太重，渲染太多，很容易让学生"三心二意"，影响和挤压主体性知识的教学，引入情境还是简练为好，点到即止。

为了能够真正"钓"起学生学习的欲望，让学习真正发生，我们不妨把原本的"顺叙"教法改为"插叙"教法，也就是直接教学第二个例题，然后在列竖式计算"102×4"中自然而然地让学生遭遇新知——"0×4 是多少呢"，此时再插入第一个例题的教学就显得非常自然了，因为它是问题的关键，是学习的必然，而不再是教师的刻意安排。也就是说只有完成了第一个例题的教学，第二个例题的教学才能"水"到"渠"成——让学生先进入知识的主渠道，遇到问题，进而自觉去引水。

或许有教师认为，这个"插叙"会让学生感到突然，会打断学生原本顺流而下的思路，其实这只是教师的感觉，如果你站在学生的角度，就会发现这样的"插叙"是真正顺应了学生的认知过程——在学习的道路上见山过山、见水过水，也就是说见招拆招才是真实的学习景象。由此可见，在这节课中，"0 乘任何数都得 0"这个结论只是"乘数中间有 0 的乘法"具体计算中的一个新的知识要素，也就说，"0 乘任何数都得 0"是"乘数中间有 0 的乘法"的题中之义，它们完全可以融为一体，无须人为割裂成两个不同的例题。

顺便一提的是，在教学第二个例题的时候，估算和计算也可以融为一体。我们不妨使学生的估算思路"把 102 看成 100"可视化，画出下面的示意图。

100	2
100	2
100	2
100	2

这样一画，既让其他学生形象地看到了这一学生的估算思路，又能在接下来计算的时候，或许能想到这样的口算方法：$100 \times 4 = 400$（个），$2 \times 4 = 8$（个），$400 + 8 = 408$（个）。此时，估算发挥了三大功能：（1）得到了一个大概的结果；（2）为计算结果确定了一个大致的范围；（3）由此启示了一种口算的方法。这样的估算，学生会深深地感到它确实是有用的。

二是在习题教学中让学生直面知识的冲突。为什么许多学生不喜欢计算课，很大程度上是因为计算课的大量练习给学生的感觉就是重复做题，为了熟练计算技能，也就是说计算课的练习似乎"木已成舟"，往往难以再次给学生认知冲突，不能挑战学生逐渐麻木的神经，如此占据整节课大约一半时间的练习就因平常无奇而显得平淡无味。

其实，只要我们善于研究和开发习题，有时候一些看似平常无奇的习题亦能发现能够产生"奇迹"。例如上述课例，例题之后教材安排了如下一组计算题。

$$
\begin{array}{r}
2\,0\,1 \\
\times\quad 3 \\
\hline
\end{array}
\qquad
\begin{array}{r}
1\,0\,9 \\
\times\quad 8 \\
\hline
\end{array}
\qquad
\begin{array}{r}
6\,0\,7 \\
\times\quad 4 \\
\hline
\end{array}
\qquad
\begin{array}{r}
8\,0\,4 \\
\times\quad 5 \\
\hline
\end{array}
$$

一般教师也就让学生做了一题又一题，单纯地追求计算准确度和速度。对此，我们可以在例题和这一习题之间设计一个知识上的"摆渡"，让学生站在更高的地方做这个练习。具体做法如下：教师拿例题"102×4＝408"引起思考："仅看此题，我们发现'乘数中间有0的乘法，得数中间也有0'。那么，是不是都这样呢？"以此引发学生新一轮的探究热情。教师顺势出示前3道算式"201×3、109×8、607×4"作为学生的探究材料，学生经过研究或计算发现"如果中间有进位，得数中间就没有0"，教师紧接着出示最后一道算式"804×5"，学生发现"如果中间有进位，得数中间也可能有0"。最后，我建议教师还应该随后补充类似"504×2＝1008"这样的题目，因为通常学生对于积中出现两个"0"感到不安而无法掌握，所以易造成如下错误"504×2＝108"。由此在一次次冲突中不断更新和更正原有认识，如此"一波三折"的练习让学生不得不"一题三思"，赋予了原有练习新的含义和新的价值。

再如最后那道中国结的练习，我们同样可以进行技术层面的处理，使之对学生思维更具冲击力：等学生做完2小题之后，教师去掉中间问题，直接出示"奶奶买了一根5米长的红丝绳编中国结。编一个中国结要用红丝绳105厘米。现在编好2个中国结，剩下的红丝绳还够编3个中国结吗？"这样合二为一的处理方式，学生除了采用原有计算方法之外，或许就能直截了当地采用"105×5＝525（厘米）"这样更为简单的解决问题的方法进行判断。教师不应满足于此，而要指出采用估算"100×5＝500"就可以解决此题"够不够"的问题。当然，如果有学生认为"'105×5'无须列竖式计算，口算也很容易"的时候，教师应当加以肯定，也不必提醒甚至强迫这些学生非得列竖式计算，正如上述课例中，一些学生在计算"105×2"时没有列竖式，或许他们就已经发现乘数中间有0的乘法有一个好处是能够口算，这正是乘数中间有0的乘法的特别之处。

最后，顺便一提的是，在全课总结的时候，教师不妨让学生根据今天的"乘数中间有0的乘法"的课题猜想下节课可能会学什么，此时，学生很容易猜测出"乘数末尾有0的乘法"，这样既能够帮助学生建构完整的知识体系，还可能会促使学生进行自我探究或课后预习。

10 这个"√"，能给这名学生吗？

"望"：病例观察

一位教师在上完"乘法和加减法混合运算"这节课后，在批改作业时，发现一位学生在计算"48＋21×3"的脱式书写是这样的（如下面左边的算式），对此，教师自认为这位学生如此书写是自觉运用加法交换律的结果（"运算律"是本册教材后续单元的内容，但之前的教材中已有渗透），虽然感觉此处交换加数的位置并没有什么价值，但也为学生具有这样好的运算理解能力暗暗叫好，于是决然地打上了一个"√"。

$$48＋21×3 \qquad\qquad 150－23×5$$
$$＝63＋48 \qquad\qquad ＝115－150$$
$$＝111 \qquad\qquad ＝35$$

批阅继续进行，但教师看到这名学生计算"150－23×5"的书写过程有明显的擦痕（如上面右边的算式），才猛然意识到刚才自己以为学生以为的并非就是学生以为的，学生前一题的做法很大程度上并非在自觉运用加法交换律。然而让教师感到困惑的是，本课教学中，教师明明进行过"递等式书写格式"的指导，为什么学生独立作业时还会这样书写呢？在这样的困惑中批改完全班学生作业，竟然发现这样的问题还不止一例。

"问"：病历记录

学生为什么会出现这样的错误呢？为了弄清学生的原始思维和真实思想，教师找来了这些学生一问究竟。经过交流，教师终于弄清了这些学生的"病因"，概括一下，主要有以下几种情形。

第一种情况是"没过来"。一部分学生的错误属于经验负迁移惹的祸。在本课之前，学生已学过含同一级运算（只有加、减法或只有乘、除法）的两步式题，也接触过含有两级运算（乘、加或乘、减但都是乘在前面）的两步式题。因为这些式题都是按照从左往右的顺序计算的，所以学生在不知不觉中建构了两步运算的解题经验——先算出第一步的结果，然后再用这个结果去加、减（或乘、除）一个数；第一步的结果都是写在前面的。经过以前几个学期的训练，这种经验被日益强化。

还有一种"没过来"是指学生思想没过来。这节课例题的第一个算式"5×3＋20"的结构也是乘法在前，给学生的第一印象似乎就是先做乘法也就是先写乘法，等到例题的第二个算式"50－18×2"教学时，一些感觉"今天学的知识不过如此"的学生也就心不在焉，在关键时刻掉链子。

由此对照这节课，在教学中，新学知识与前学知识的不同之处体现得不突出、不充分，没有给学生留下深刻的印象和产生深远的影响，学生根深蒂固的原有认识没能够得到及时而有效的更新和转变。

第二种情况是"没跟上"。一部分学生的错误属于顺应不成反被同化惹的祸。当本课出现的新知（乘在后面的乘、加或乘、减两步式题）与原有解题经验发生冲突时，学生受各方面因素影响不能及时顺应新知，没有对原有知识结构进行适当的调整或重构，从而新知反而被以往的错误认知同化。

由此对照这节课，在教学中，涉及知识顺应方面的训练还不够或走过场，无法促使一部分吸收与反应较慢的学生的思想能够很好地转过弯来，给这些心有余而力不足的学生足够的帮助，让他们跟上知识前进的步伐。

第三种情况是"没想对"。一部分学生的错误属于误解惹的祸。学生受乘、加和乘、减两步式题运算顺序"先算乘法"的影响，误以为"先算的要先写"。

由此对照这节课，在教学中，教师没有对"先算"与"先写"的意义加以区分，也没有对运算顺序与书写顺序加以区分，造成学生学习的一知半解。

综合以上情形，我认为，如果是一个学生有问题，很大程度上只是学生的问题，如果是一批学生有问题，很大程度上是教师的问题。学生是教师的镜子，学生暴露出来的问题也能够暴露出教师的教学问题。上述"病因"，症状只是一个简单的"格式"问题，但如果细细"搭脉"，就能够看到问题的本质，它可以反映出教师对教学内容的重点、难点、注意点没有正确把握及有效突破等问题。

"切"：病理诊治

在平常教学中，对这种格式错误，许多教师认为是司空见惯的"小问题"，往往采用事后告知或事后强制的方式进行纠正。然而，有时候这种错误亡羊补牢会为时已晚，一旦学生先入为主后就难以改正。有些错误特别是一些低级错误需要在教学中防患于未然，而有些知识，如果教师想让学生在错误中学习，也应该在教学过程中及时暴露出来，让学生吸取教训、引以为戒。《黄帝内经》中讲道："是故圣人不治已病治未病，不治已乱治未乱，此之谓也。夫病已成而后药之，乱已成而后治之，譬犹渴而穿井，斗而铸锥，不亦晚乎。"教师也应该做这样的"圣人"，把问题解决在课内。对这节课，在教学中，我们可以从以下几个环节在知识的源头上规避这种错误的发生。

第一种做法是"改一改"。我们可以把教材上例题的问题"小军买 3 本笔记本和 1 个书包，一共用去多少钱？"改为"小军买 1 个书包和 3 本笔记本，一共用去多少钱？"学生分步解答后，顺势揭示两个综合算式：

$$20+5\times3 \qquad\qquad\qquad 5\times3+20$$

（1 个书包的钱＋3 本笔记本的钱）（3 本笔记本的钱＋1 个书包的钱）

这样的例题改编可以让"$20+5\times3$"出现先于"$5\times3+20$"，从而让问题的主要矛盾、主要冲突在第一时间（教学的黄金时间、学生精力最充沛的时间）凸显出来，可以利用这一个算式来做好文章，消除学生递等式书写时"先算的要先写"的错觉。同时，两种解法、两个算式的出示，可以起到强烈的对比作用。

第二种做法是"读一读"。教学时，教师应该结合具体情境，让学生知道综合算式的结构层次，明确这两个算式都应该先算"5×3"，教师在"5×3"下面加上下划线后进行算式的读法指导。

$$20 + \underline{5\times3} \qquad\qquad \underline{5\times3} + 20$$
$$= 20 + 15 \qquad\qquad = 15 + 20$$
$$= 35（元） \qquad\qquad = 35（元）$$

按照意义，前一算式读为"20 加 5 乘 3 的积"，后一算式读为"5 乘 3 的积加 20"，它们可以分别缩句为"20＋积"和"积＋20"。这样的对比，在运算顺序上的区别一目了然，学生能够清楚地看出"先算什么，后算什么"；这样的对比，在书写顺序上的区别同样一目了然，学生能够清楚地看出"先写什么，后写什么"。

第三种做法是"连一连"。知识需要在强调中加深印象，多次、多层次的比较可以很好地达到这一教学目的。完成两题的递等式计算后，教师应启发学生进行比较：两个算式都是先算"5×3"，为什么第一个算式第一步中的"积（15）"写在加号的后面，而第二个算式第一步中的"积（15）"却写在加号的前面？结合学生发表的意见，完成以下连线（当然也可以用不同颜色的粉笔标识），让学生明白：两步式题递等式第一步计算时，还没有参加运算的数据、运算符号及第一步的计算结果，一般情况下要写在与原式对应位置上。

$$
\begin{array}{cc}
20 + \underline{5 \times 3} & \underline{5 \times 3} + 20 \\
\ \ \ |\ \ |\ \ | & \ \ \ \ |\ \ |\ \ | \\
= 20 + 15 & = \quad 15 + 20 \\
= 35\ （元） & = \quad 35\ （元）
\end{array}
$$

第四种做法是"错一错"。听到了，看见了，不等于相信了、理解了、掌握了。教学第二个算式"50−18×2"时，教师可让学生先尝试解答，教师观察学生中是否出现上面谈及的格式书写错误。如果有，可呈现出来让学生讨论。一来，便于及时纠正错误；二来，利于提高学生对"规定"的认识与认可。张奠宙教授说，规定一般不需要论证，遵守就行了，但可以探讨规定的合理性。在"20+5×3"的书写格式教学中，也许有一些"不撞南墙不低头"的学生（往往是聪明学生）会质疑：为什么要按这样的规定来解答？这样的规定有怎样的意义？（有这样的质疑是教学的一种成功）通过探讨，让学生看出、看懂"50−18×2＝36−50"这一式子存在的问题，并让学生在认识上受到强烈的冲击：哦，原来，这样的规定背后是有其道理的。

这个"病例"最终给我们的思考是，教学无小事，教到深处是细节。简单的知识未必简单，同时，简单的错误也未必简单。其中，许多的简单只是出于教师的自以为是，简单地认为这不成问题，于是简单地教，结果却成了问题。

朱利安·巴吉尼（Julian Baggini）等曾经写过一本书《你以为你以为的就是你以为的吗?》（*Do You Think What You Think You Think*?），正如这样的书名，在教学中，许多问题并不是"你以为你以为的就是你以为的"，就如上述课例中，教师以为混合运算学生是不会犯"混"的，教师以为学生作业是在自觉运用加法交换律。而要克服这些"自以为是"，教师必须能够读懂知识、读懂学生。

11 为什么学生不想估，不会估？

"两、三位数乘一位数"单元中有一节估算课，教材例题是这样的——

西瓜每箱 48 元
哈密瓜每箱 62 元

张大叔带了 200 元，买 4 箱西瓜够不够？

这节课是在学生学习了整十、整百数乘一位数的口算后，让学生利用已学的乘法口算进行估算，解决实际问题。

随着教学进程的不断推进，上课教师发现有些学生还是喜欢并坚持算出精确值：48×4＝192（元），然后再与 200 元比较得到结果。有些学生虽然开始尝试用估算的方法，但总是不得要领，显得毫无章法，在要求他们有条理表述估算的过程时，思维显得磕磕碰碰、处处卡壳。不过，经过教师的耐心讲解，学生在解答例题随后呈现的"300 元够买 5 箱哈密瓜吗？"这一问题时，都能通过估算得到正确答案"不够"，这让教师终于松了一口气。

在总结估算的好处时，在一片赞同声中，听到一名学生的反对声"不见得"，这又让教师心生奇怪。

接下来，教学进入练习阶段，教师出示教材"想想做做"第 6 题——

每次运72箱

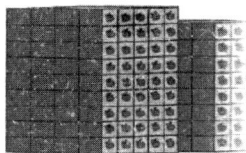

一共400箱，6次能运完吗？

一些学生能够把72看成70后进行估算，但最终回答是"不能"，让教师感到大惑不解。

"问"：病历记录

课后，我把那个说"不见得"的学生和那些说"不能"的学生找来一问究竟。

我首先问说"不见得"的学生："在解决'300元够买5箱哈密瓜吗？'这一问题时，62看成60，'60×5＝300'口算不是很容易吗？"

他答道："老师，'62×5'我也能一下子算出结果，等于310。'310＞300'。这样更容易。（顿了一下）有时用了估算反而容易做错。"

原来如此！我愕然……

我然后问那些说"不能"的学生："因为'72×6＞400'，所以6次不是能运完吗？"

有个学生说："嗯，现在我们想通了，6次能运完。没想到估算蛮难的。"

我好奇地问："那当时你们是怎么想的呢？"

此生说："例题中'62×5＞300'，带300不够，现在'72×6＞400'，我就想到6次不能运完。呵呵。"

原来如此！我恍然。

"切"：病理诊治

通过课堂观察和课后询问，我们发现估算无论在知识层面还是心理层面，对三年级学生来说都不容易，分析如下。

一是数据的简单让学生不想估算。 虽然学生对两位数乘一位数还没有学过，但由于数据比较小，并且像"62×5"进位也不复杂，一些聪明的学生凭借直觉自悟到了口算方法，也可能有一些学生已经通过家教学会了口算或笔算，于是对部分学生来说也就没了估算的需求。

二是思维的复杂让学生不想估算。 虽然估算时把原来的算式转化成了整十数乘一位数，计算简便了，但是随后学生要经历几次有序的推理过程，才能比出比较量与标准量之间的大小。例如，在估算"62×5"时，学生的思维需要经历这样几次连续的"转弯"过程：因为"60×5＝300"，又因为"62＞60"，所以"62×5＞60×5"，最终推出"62×5＞300"。其中，学生的思维对象首先要把 62 想成 60，最后又要把 60 还原成 62，在这样的不断变换中，很容易造成学生思维的混乱，学生可能会顾此失彼而出错。有些学生尽管比出了大小，最后还不能根据实际情境做出正确判断。因为这要求学生具备一定的生活经验和分析能力才能根据估算的结果做出判断，这对三年级学生来说要求也很高。那名学生说"有时用了估算反而容易做错"，不无道理。

研究表明，一个优秀的估算者，思维要经历三个关键过程：（1）"简约"，即在保持原问题结构不变的情况下，更改数据以产生一个容易心算的形式的过程；（2）"转换"，即将问题的数学结构变为易于心算的形式。例如，把"8946＋7212＋7841"变为"8000×3"等；（3）"补偿"，即调整在对问题进行重新表述和转换时所进行的数字变化。例如，根据"估大""估小"的情况对估算答案进行"调整"或"补偿"。由此可见，估算的要求高于笔算。

可以说，这种情况的"学生不想估"很大程度上是由"学生不会估"造成的，也就是说，有时候学生情感的"为难"源于事情的"难为"。

三是解题的习惯让学生不想估算。 平常学生已经习惯于精确计算，答案是唯一的，学生的认识是非标准答案的得数都是错误的。而估算答案的不唯一，冲击了学生原本的计算习惯，也让学生心里感到不踏实。要估算"134×4"，一般把 134 看作 100 得到估算值 400，例如"码头有 400 箱大豆，卡车每次能运 134 箱，4 次能运完吗?"有时根据实际需要却要将 134 看作 130 得到估算值 520，例如"码头有 500 箱大豆，卡车每次能运 134 箱，4 次能运完吗?"至于什么时候需要接近精确值，什么时候可以与精确值拉开一定的距离，需要学生根据实际情境加以灵活判断，这样的"不定性"常常让学生"不定心"。于是，一些学生想到了"与其犹豫不决，还不如下定决心求出精确值"这一万全之策，以"不变"应"万变"。

然而，我们不能因为学生的不想估、不会估而使估算教学止步或走过场。估算是解决问题的有效策略之一，在实际生活中应用非常广泛，有人做过统计，平时应用估算与精确计算的比例约为 3∶1。一个人估算能力的强弱直接影响到他的生活节奏的快慢和工作效率的高低。脑科学研究[1]表明：精算主要激活脑左额叶下部，与大脑的语言区有明显重叠；估算主要激活脑双侧顶叶下部，与大脑运动知觉区联系密切。由此可见，估算在教学中有着不可替代的教育价值：有利于培养学生对事物的直观判断力。同时，估算不仅能够很好地培养学生的数感，而且对培养逻辑推理能力也有很大的帮助。

估算应该从"小"（从小学生、从小细节）培养，针对上述课例中的问题，我们应对的积极态度应该是，基于学生的学习现状及思维难处，思考如何改进估算教学，让学生不再只是"顾算"。对此，我们提出如下"分"与"合"的教学建议。

一是把知识难点"分一分"，让学生想估、会估。第一学段学生的估算意识和估算能力还处在形成过程中，教学不能一步登天，要善于使用"慢镜头"。"慢镜头"中有一种技术是"分镜头"，我们可以设计一些铺垫题，帮助学生先掌握"简约"和"转换"两种前期估算能力，从而分散难点。

为了激发学生估算的意识，我们还要学会借力，人普遍具有偷懒心理，因为人的偷懒行为是创造的动力，人们通过发明新方法、新技术来减轻负担，提高成效。在面对较大数目计算并不需要得到精确结果时，学生的第一反应是估算要比笔算省时省力，此时偷懒心理就可能促使学生主动尝试估算。根据以上理论，我们不妨在例题教学之前设计如下比较大小的题目：

---

① 藏传丽，沈德立. 计算的脑科学研究及其对数学教育的启示［J］. 心理与行为研究,2008，6(1)：65－69.

$$312×5○1500 \qquad\qquad 689×4○2800$$

设计这样的题目，一方面的好处是因为数据大，学生乍一看就感觉心烦，再一看发现还不会口算，心理障碍与知识障碍迫使学生只能放弃精确计算的习惯动作而去另辟蹊径。此时，教师就可顺应学生的需求，稍加点拨——"整百数乘一位数，你会口算吗?"，引导学生想到迂回战术，间接地解决问题，以此掀开估算的盖头。开始时，学生或许有一种被逼的感觉（在此教师可以趁机让学生体会估算的必要性），他们一旦领略到了估算的好处（在此教师可以趁机让学生体会估算的优越性），就会对估算产生好感，从而重视估算在解决问题中的作用，进而迫切地想掌握估算技术——"何时用估算""怎样估算""估算后怎么办"。当知识有了需求之后，知识之心就能够与学生之心实现自然而有效的对接，进而很好地从"自上而下"的"教—学"形态转变为"自下而上"的"学—教"形态，估算教学也就能够水到渠成。

设计这样的题目，另一方面的好处是有利于帮助学生一门心思地掌握估算的专项技术。虽然课程标准指出要"结合具体情境进行估算"，但对于第一学段的学生来说，估算涉及的思维过程相对复杂，所以针对具体情境，先进行纯算式的比较，可以减少实际情境的干扰，降低难度，使估算教学能够循序渐进。在这里，教师要重点引导学生掌握两种估算技能：一种是"小估"。例如把 312 看作 300，"300×5＝1500"，所以"312×5＞1500"；另一种是"大估"。例如把 689 看作 700，"700×4＝2800"，所以"689×4＜2800"。

在反馈时，教师应要求学生能够有序表达，在表达中让学生逐步体会估算技术："一算"，算什么? 口算整十、整百数乘一位数；"二比"，谁和谁比? 要把实际的算式与标准进行比，而不是把算出的结果与标准比。

另外，教师应该引导学生学会灵活运用估算方法。例如"757－349"，如果把 757 看成整百数应该是 800，349 应该看作 300，这样的结果是 500，再看 757 中的 57 接近 50，349 中的 49 也接近 50，则把这两个数分别看成"750－350"，结果是 400，要比 300 更接近正确得数。

二是与生活经验"合一合"，让学生想估、会估。估算毕竟是一种开放性、创造性的活动，估算的方法不仅灵活多样，而且判断结果要根据实际情境来决定，往往有很多不确定的因素，这无疑又比口算、笔算多了一个恼人的"善后"工作。

　　例如上述课例中，一些学生在解答教材"想想做做"第 6 题时得到的
"不能"结论，固然受例题中"试一试"那个问题"300 元够买 5 箱哈密瓜
吗？"的影响，但也与不同情境中的估算结论需要不同处理有关，需要学生见
机行事的本领，否则很容易使学生在相似的情境中迷路。

　　正如那位学生所说"例题中'62×5＞300'，带 300 不够，现在'72×
6＞400'，我就想到 6 次不能运完"，究竟"够"还是"不够"、"能"还是
"不能"，没有一定的规律，不能照搬，必须对实际情境进行分析后才能做出
正确判断，这就需要学生有一定生活经验的积累，同时还必须具备一定的分
析能力，这对一些基础比较差、思维不灵活的学生来说又是难点。至此，学
生发现很多情境之中的估算并非开始以为的可以"偷懒"，从而产生畏难情
绪，之后就可能会不想估，因为精确计算反而会感到更省心，对答案也觉得
更可靠。

　　当学生熟练了估算过程的"一算"、"二比"之后，接下来如何帮助学生
根据实际情况，运用估算的结果来做出正确判断呢？教师应该创设更多的机
会，让学生更多地接触现实生活中不同领域的数学问题，并能接触到各种不
同的表述方式，培养学生具体问题具体分析的能力。

　　例如我们可以设计题组练习：（1）甲要打篇 400 字的文章，平均每分钟
可打 53 个字，8 分钟能打完吗？如果把 53 看成 50，因为"50×8＝400"，
"53×8＞400"，所以结论是"能"。（2）乙要打篇 400 字的文章，平均每分钟
可打 48 个字，8 分钟能打完吗？如果把 48 看成 50，"50×8＝400"，"48×
8＜400"，所以结论是"不能"。这样强有力的对比，足以让学生意识到用估
算解决实际问题不仅要会"算"，而且要会"比"，更要会"判断"。

　　但是，估算意识和估算能力的培养，靠一、两节课的教学是远远不够的，
教师首先自己要有估算的意识，不能因为估算在考试中难考或不考而忽视，
其次在教学中要抓住一切时机组织学生进行这方面的训练，并且做到持之
以恒。

　　例如教材在后面学习了两、三位数乘一位数后，又出现了这样一道练习
题："上午有 3 批学生来参观，每批 69 人，下午来参观的学生有 213 人，上
午参观的学生多，还是下午参观的学生多？"有估算意识的教师就不会简单地
把它作为两位数乘一位数的复习题一带而过，而会充分利用这一素材，让学

生运用不同的方法自主进行比较，对于想到用估算的方法来解决问题的学生给予表扬。

在随后的知识教学中，我们应该时时处处想到估算教学，只有在一段时间内不断进行估算训练（其中有一种常用方法就是把估算与笔算结合在一起，笔算前先估一估，以此作为验算的一种辅助方法），才能让学生对估算留下深刻的印象并熟练掌握估算技能，逐步形成估算习惯。

例如在后继教学中，我们可以设计这样的题目："博物馆每张门票 8 元，34 个同学参观。带 350 元够吗？"学生可能有这样几种估算方法：（1）$34 \times 10 = 340$；（2）$30 \times 8 = 240$；（3）$30 \times 10 = 300$。教师对此可以问："这些不同的估法，哪种最有说服力？"让学生认识到，其中第（1）种方法往大估够，实际也一定够，可以看出这种方法优于其他两种。教师接着还可以问："哪种估法更接近精确值？"让学生认识到，其中第（3）种方法结果更接近精确值。教师之后还不妨把题目改成："博物馆每张门票 8 元，34 个同学参观。买门票一共需要多少钱？"让学生认识到，什么时候可以用估算，什么时候需要算出精确值。通过这个"同题异问"的对比练习，帮助学生能够灵活处理生活问题和灵活选择估算策略。

另外，在后继教学中，我们还可以"往事重提"，引导学生用已掌握的知识来重新选择或确定估算方法。例如估算"117×4"，对三年级的学生而言，知识基础使他们更多地看成整百数乘一位数"100×4"估算比较方便，而到了四年级，学生则可能会估成几百几十乘一位数"110×4"或"120×4"来算，其中"120×4"这种估算方法更接近精确值。

只有像这样坚持不断地训练，长此以往，学生的估算意识和估算能力才能真正培养起来。

最后，顺便一提的是，如果出现像上述课例中那样有"未教先会"的学生，笔算出"62×5"的结果之后来判断，教师也不能断然否定，不妨在肯定的同时引导这名学生根据题目的特点采用估算的方法来解决问题。另外，我们还可以通过外力驱动，例如设法模拟生活中不方便用纸笔运算的场景（必要时还可让学生收起纸笔），使学生惯用的笔算没有用武之地，此时学生只能选择估算。

12 教学起点能否从学生"最需要什么"出发？

"望"：病例观察

"加法运算律"课首教学"加法交换律"环节——

1. 教学导入。

师：同学们，你们喜欢听故事吗？今天老师给大家带来了一个非常有趣的故事："古时候，有一位老人养了一大群猴子。一天，他对猴子说……"（课件播放《朝三暮四》的故事）

2. 算式说明。

师：为什么养猴的老人心里偷着乐呢？你能用算式说明吗？（板书：3＋4＝4＋3）

3. 观察猜想，你有什么发现？

4. 举例验证。

5. 表示规律。

6. 总结方法：猜想—验证—结论。

"切"：病理诊治

教学之路可以有许多个入口，从哪个入口进入更符合学生的学习需要和更有利于知识教学，是教师在教学设计时需要考量的一门学问。

一是寻找学生需要的可能。我们都知道，教学的导入应顺应学生的经验。学生的经验包括生活经验和学习经验，而学习经验又包括侧重学习结果的知识经验和侧重学习过程的认识经验（如下页图），前者是学生接受知识的生长点，后者是学生接受知识的生成点。

"加法交换律"这一教学内容，学生的生活经验是在生活中经常看见的两种事物交换位置的现象，由此有的教师在设计教学导入时就地取材，例如交

```
学生经验 ──→ 生活经验
         └─→ 学习经验 ──→ 知识经验
                      └─→ 认识经验
```

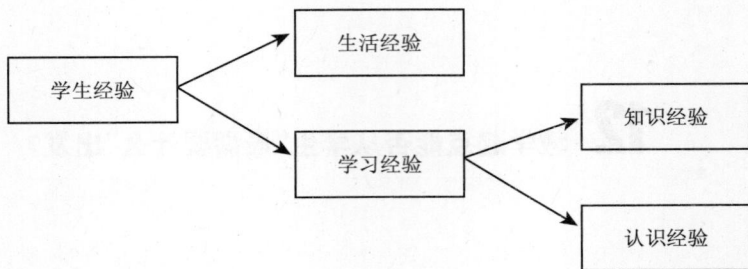

换两个物品的位置，交换两个人的位置，交换两个文字或两个数字的位置等，以此引到两个加数的交换现象，这是许多教师常用的导入方法。

"加法交换律"这一教学内容，学生的学习经验中的知识经验是之前在低年级学过的在验算加法时交换两个加数位置再算，在看图算两部分总数时交换加数位置的两种列式等，也就是学生在以前的学习中已经在运用加法交换律了，只是他们不明白其中的道理而已。

"加法交换律"这一教学内容，学生的学习经验中的认识经验是之前在"找规律"一课教学中获得的学习方法，包括从"猜想"到"验证"再到"结论"的探究程序和不完全归纳的思想方法，因为运算律的教学也是一种找规律的教学。

二是分析学生需要的效能。上述学生的经验都可以作为教学之路的入口，然而教学导入要求时间短、干扰少、动情强、引知快，有时不能把所有候选的导入方法不分主次、不加取舍地一一用上，我们必须判断哪个入口是学生学习新知最需要的而让它作为主角闪亮登场。

分析学生的学习现实，我们不难发现学生对知识运用处在知道而不知"道"的茫然状态，所以我认为，导入的重点应该放在通过呈现以前用过的加法验算中和加法列式中的交换做法，让学生带着"为什么可以这样用"的追问走进新课。这样的导入一举点中了学生需要学习的穴位，能够让学生的学习视点一下子聚焦在知识的最深处。遗憾的是，许多教师单纯地把本课当作"新"课，没有看到学生学习本课那段漫长的"旧"情，于是也很少有教师想到这样的知识入口。至于学生熟悉的生活中的交换现象，有时间可以作为课前活动。

具体操作可以这样：教师复习加法验算中和加法列式中的交换现象之后，可以追问："在加法运算中，你们知道为什么可以这样交换两个加数的位置吗？"边说边板书"加法运算"，接着在学生的茫然中询问："是不是在加法运算中存在着一些规律呢？"在板书的"加法运算"后添上"律"字，至此，学生也就明白这样的课也属于找规律的课，就会自觉采用"猜想—验证—结论"的探究程序自主学习加法运算律，这样的课才可能是学生自主的课。

由此看上述案例中的教学导入，上课教师采用了《朝三暮四》的成语故事，虽然可以让学生感到很有趣，但学生的劲头一过，剩下的只是由此抽出的一个等式，这个情境也就完成了使命。相比较，上述由学生认识盲点引出的知识问题"为什么可以这样用"却具有延伸性，一直让学生牵挂着，之后的新课教学给学生的感觉始终是为了解决这一问题而进行的。

另外，上课教师用《朝三暮四》的成语故事代替了教材上的例题情境，不是明智之举。因为教材例题选取的情境内容还是很有结构的（如下图），其中隐含着符合生活习惯的分类思想，这是《朝三暮四》的成语故事所没有的教学功能。

28个男生跳绳　　　　　17个女生跳绳　　　　　23个女生踢毽子

三是增添学生需要的动能。许多教师在使用教材情境图时，习惯用的提问句式是"根据图中的信息，你能提出哪些问题？"，结果学生提了许多各种各样的相关问题，用了很长时间，而教师需要的只是其中的加法问题，对此许多教师感到尴尬，于是改问"根据图中的信息，你能提出哪些加法问题？"。其实，我们不妨把教材提供的情境再放置在一个情境中——"如果学校要统计学生参加跳绳和踢毽活动的男女生人数，你能汇总出哪些数据？"，这样就可以避免学生泛泛而谈，也给予教材情境以现实的意义，给学生真实的生活感受。在统计时，既可以按照活动项目来分，也可以按照学生性别来分，学生很自然地得到两个加法算式。

总之，教学起点的设计应考虑学生"最需要什么"，一般情况下，长久淤积在学生心中的谜团一旦被教师挑明，其谜底将是学生最迫切想知道的内容。本课教学，当学生知道了加法交换律之后，以后在交换加数位置验算和交换加数位置列式时就可以做到明明白白地使用。

13 教学视点能否着眼于学生"会缺什么"？

"望"：病例观察

一位教师教学"加法交换律"时，学生根据情境图

28个男生跳绳　　　　　17个女生跳绳　　　　　23个女生踢毽子

列出"28＋17"和"17＋28"两种算式求跳绳总人数，然后引出"28＋17＝17＋28"，接着教师遵循教材安排让学生列举一些这样的式子。在反馈时，教师并没有深究学生所汇报的等式是否成立，学生也没有有意识地去计算这些式子是否真正相等。最后，教师抽象概括出加法交换律。

"切"：病理诊治

可能由于课堂教学时间的紧张，也可能由于教师对教材和学生的认识不足，造成知识教学的长度不足（如缺少探究时间）、宽度不足（如缺少探究材料）和高度不足（如缺少探究层次），导致学生的学习缺少应该获得的"营养素"，造成学习结果的"夹生"。要防止学生在探究中体验的"粗糙"和认识的"粗浅"，教师应该耐心做到以下几点。

一是增加探究材料的数量。在教学中，常常听到教师在列举了一两个例子之后就迫不及待地揭示出或让学生概括出规律，这样得出的规律是欠火候的，所以还称不上"概括"，这样得出的规律是不可信的，所以还称不上"规律"。

为了能够让学生对深藏的规律深信不疑，教师就必须提供足够的有结构的材料让学生自己去概括。其中，教师可以指导学生思考"还能找到这样的例子吗？"，以获得更多的支持材料，教师还应该指导学生思考"能找到不是这样的例子吗？"，以寻觅是否存在反对材料，初步感受反证法，此后再让学生概括出规律，这才是规律教学的教学规律。

由此对照上述案例，教师只让学生写两个这样的等式，在反馈时，如果只是挑几个学生汇报，那么提供给全体学生进行发现和概括的材料数量就很少。对此，我认为，教师可以采取三种改进教学的措施：（1）让每一个学生多写一些这样的等式，特别是引导学生能写出一些大数目的例子；（2）在反馈时多让一些写了不同等式的学生补充汇报，这样就能最大限度地增加学生比较的材料；（3）把在低年级用过的加法验算中交换两个加数位置再算和看图列式中交换两个加数位置再列等例子也作为让学生比较的素材，既可以沟通旧知，又可以让学生意识到之前的使用尚属不成熟状态。

二是凸显探究过程的真义。在教学中，还常常听到教师在还没有明示规律之前也就是尚在探索规律的途中就已经口口声声说"这种规律"，此时正确的说法是"这种现象"，当学生发现"这种现象"具有普遍性时才能确定为"这种规律"。

教师常常因为心中已经有"成见"而无意识地透露着已经是规律的"语气"，而学生常常会因为心中已经有"偏见"而不自觉地使用着已经是规律的"语法"。具体表现在搜寻教学素材的过程中，学生因为年龄尚小，有时分不清楚发现规律与运用规律的区别，常常会发生探究行为的颠倒。例如，上述案例中，教师让学生仿例写等式，此时的举例应该仅仅属于"格式粘贴"，并未达到"意义粘贴"的高度，因为这些等式还需通过计算验证。正常情况下学生的探究行为的程序应该是这样的：首先举出一个加法算式，然后把这个算式的两个加数交换位置，接着判断这两个算式的和是否相等，如果相等最后才可在这两个算式之间连上等号成为一个等式。然而，不明探究方法的学生一般会这样本末倒置：首先举出一个加法算式，接着直接划出等号，然后连上把加法算式交换两个加数后的算式。这显然违背了教学的意图，然而教师要么发现不了要么不了了之。

对此，为了使学生的探究行为走上正轨，在学生探究之前，教师应该进行指导，例如可以示范举例，然后让学生自己举例时"依法办事"。另外，在学生汇报时，教师一要注意自己板书学生举例的写法，二要注意时时询问学生确定等式的方法，从而检测学生的思路是否正确和督促学生的思路能够正确。

三是扩大探究领域的视野。教师应该善于在知识层次上做进一步的挖掘，让学生的探究能够更上一层楼。例如，上述案例中教师可以设计这样的"连续剧"——引导学生继续探究三个数连加、四个数连加等算式中能否运用加法交换律以及怎样运用加法交换律等问题。教师也可以引导学生从加法交换律出发进而联想"在减法、乘法和除法中有没有交换律"这一教材上没有设置的问题，顺势组织学生进行迁移探究。这样的"伸展运动"会让教学得到以下一些好处：①可以把"加法交换律"内容与后续的"乘法交换律"内容进行整合组块教学；②能够满足学生自然生发的对其他运算中同一规律探究的需求，可以填补教材的空白；③可以让学生在发现"减法和除法中交换律不成立"的类推失败中自觉意识到并非所有的探究都能获得成功，这样可以弥补教材给学生提供的都是正例探究的"缺陷"，有效纠正学生总以为"是"的学习错觉。

总之，教师在备课时，要充分估计学生在什么地方可能会缺少什么，从而思考解决策略，该规范的规范，该强调的强调，该补充的补充，该纠正的纠正，做到有备无患。

14 教学力点能否放在学生"能记下什么"上?

"望"：病例观察

　　教师在教学"加法交换律"时，让学生观察几组加法算式后提出猜想，在学生发表见解后，教师却不敢用规范和精练的语句"两个数相加，交换加数的位置，和不变"来概括和固定学生的"自说自话"，理由是担心这样出示学生就会以为这就是一种结论。

　　接下来让学生"用自己喜欢的方法表示规律"时，一名学生用"牙膏＋牙刷＝牙刷＋牙膏"表示，另一名学生用"锐角＋钝角＝钝角＋锐角"表示，并且教师都加以肯定。接着一名学生用字母"$a＋b＝b＋a$"表示（事后了解，学生是从教材上看到的），教师大加表扬，尽管还有学生想发表意见，但教师不予理睬。事后了解，教师认为既然学生已经说出了用字母表示这一高级方法，就没有必要再让学生说出用图形、文字表示等低级方法。

"切"：病理诊治

　　我们都知道，学生通过学习，留在心底的是关于知识的思想方法。在教学中，教师应该为能让学生记下什么铺好路。

　　第一，注重规律的记述方法规范化。现在的国标版教材与原来的义务版教材相比，在"运算律"的编写上的最大显性区别是去除了规律的文字表达。于是，教师为是否要出示规律的文字表述而感到左右为难。出示吧，一是担心不符合教材意图，二是像上述案例中那样担心给学生结论的暗示；不出示吧，面对学生在概括规律时说法不一，并且显得啰唆的自说自话，其他学生听着费劲。

　　那么，是否猜想就不能用这种简练的语句来表达？或者说这种简练的语句就一定是结论的专用语言？其实，这只是教师的感觉，学生未必这样以为。或许有人认为，学生的语言才是最理想最本真的语言，但我认为，最理想的语言是基于学生的原始语言而提炼成的书面语言，因为这样的表述是最简洁最科学的，教师应该教会学生逐步使用这样的语言，而非等到结论阶段才说这样的话。

所以，教师完全可以使用"两个数相加，交换加数的位置，和不变"的规范和简练文字来记录学生发表的各种说法，只是不必刻意要求学生背记。其实，学生记忆也并不难，因为它的表述顺序正好对应着前面的探究程序——先找"两个数相加"，再"交换加数的位置"，最后判断是否"和不变"。如果前面探究过程足够充分，学生印象深刻的话，那么学生理解和记忆这句结论并不会感到困难。

第二，注重规律的记录方法多样化。与老教材相比，新教材增加了让学生用喜欢的方法表示规律的教学要求，这是教学的难点，特别是字母表示，学生没有相关经验。对此，教师可以在开课时让学生玩一个游戏：课件呈现一个圆饼和一块方糕的实物，交换它们的位置，然后留下一个圆饼和一块方糕的外形，也就是一个圆形和一个正方形，让学生交换它们的位置，最后隐去外形用"圆饼"和"方糕"的文字代替。这样做的作用一是勾起学生交换的生活经验，二是为学生用喜欢的方法表示规律做铺垫，学生可能会比较容易想到用图形、文字等方法来表示规律。

在教学中，学生受形象思维和生活内容的影响，会生成一些似是而非的表示方法，教师为不知如何评判而困惑。其实，教师在评判时应抓住两点：一是方法表示的针对性，也就是这样的表示方法是否表示数学属性，例如案例中出现的"牙膏＋牙刷＝牙刷＋牙膏"的说法就不太理想；二是方法表示的概括性，也就是这样的表示方法是否表示所有例子，例如案例中出现的"锐角＋钝角＝钝角＋锐角"的说法也不太理想。

另外，教师对首先说出用字母"$a＋b＝b＋a$"表示规律的学生要么不知所措，不知接下来是否还要启发学生用其他方法表示，要么像案例中那样教师对首先说出用字母表示规律的学生倍加青睐，而对之后学生的其他表示方法不感兴趣。教师"挑三拣四"的原因是认为字母表示属于高级方法，而"△＋○＝○＋△""甲数＋乙数＝乙数＋甲数"等表示属于低级方法。其实，上述符号表示方法的地位和作用相同，抽象程度相同，唯一区别是用字母"$a+b=b+a$"表示规律是世界公认和通用的，是数学规定，这点只需教师在展示学生各种表示方法后向学生说明即可。

第三，注重规律的记忆方法简洁化。用字母表示规律要比用文字表述规律简洁，为了深化这种感受，教师不妨询问学生："如果让你记忆的话，你愿意选择哪一种表示方法？"学生当然会选择用字母表示，此时教师就可以顺势让学生即时记忆，让学生真切体会用字母表示的简洁性。这样教学的好处是，一是可以加强学生对知识的即时记忆，平常教学中因时间紧张，即时记忆常常被教师忽视；二是可以让学生理解教材上没有出示文字结论的用意。

另外，教师还可以使用线段图来解释加法交换律（如下图），一是符合学生形象思维见长的年龄特征，学生以后回忆运算律时或许首先浮现的就是这样的直观形象；二是弥补教材使用不完全归纳法的不足，从知识的本质上让学生更确信规律的正确性。

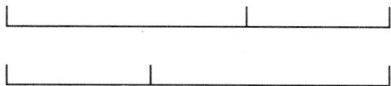

15 运算律，无论在哪里都适用吗？

"望"：病例观察

[片段1] 一位教师教学"加法交换律"和"加法结合律"之后，出了这样一道选择题：

25＋38＋75＝25＋75＋38，这里运用了（　　　）。

A. 加法交换律

B. 加法结合律

C. 加法交换律和加法结合律

许多学生选择 A。揭示答案是 C 后，教师在学生的辩驳"只是 38 和 75 交换了位置啊"中，也说不出所以然来。

教师最后总结说：两个数相加可以交换位置，三个数相加也可以改变运算顺序。你们还有什么想法吗？

生：无论多少个数相加，都可以改变运算顺序，和都不会变。

师：对，是这样。你真棒！

……

[片段2] 一位教师教学"加法交换律"，课首组织了两名学生交换位置、两件物品交换位置等活动，然后由此导入新课：在数学中，也有着类似的交换现象。这节课我们就一起来研究。

……

课终，教师播放了《朝三暮四》的动画，并询问："在这个故事中，你能找到加法交换律吗？"

当学生找出"3＋4＝4＋3"后，教师总结道："确实，'朝三暮四'和'朝四暮三'结果是一样的，因为它符合加法交换律。"教师接着又补了一句："看来，加法交换律不仅在数学中普遍适用，而且在生活中也普遍适用。"

……

"问"：病历记录

对片段 1，我课后问执教教师："你是怎样判断交换律和结合律的？"

执教教师答道："交换律改变的是数的位置，结合律改变的是数的运算顺序。'25＋38＋75＝25＋75＋38'，我感觉只是改变了 38 和 75 的位置，并没有改变从左往右依次运算的顺序啊?!"说完，执教教师一脸困惑，也就是她没在课内表态的原因——对标准答案心存疑惑。

我接着又问："'无论多少个数相加'，你是怎么理解的？"

执教教师答道："我认为既可以有限个数相加也可以无数个数相加，对吗？"

我点头，又问："那无数个数相加，加法交换律和结合律还适用吗？"

执教教师又一脸疑惑："难道不可以吗？"

……

对片段 2，我课后问执教教师："'加法交换律不仅在数学中普遍适用'，这句话你觉得有问题吗？"

执教教师对这一问题感到惊讶和不解。

我转而又问："那后半句'而且在生活中也普遍适用'，你觉得有问题吗？"

执教教师这次不再犹豫："没问题啊。数学源于生活，例如生活中有着许多像两个人交换位置、两件物品交换位置等交换现象，基于这样的考虑，所以我设计了从生活中的交换现象引入数学中的交换现象的教学环节，学生一下子就理解了。"

……

"切"：病理诊治

运算律，顾名思义，数运算中的规律。基本运算律以及初中阶段将要学习的指数运算法则，被统称为"数与代数"领域的"通性通法"。运算律是小学数学中唯一以定律方式呈现的内容。

片段 1 中，执教教师所说的"交换律改变的是数的位置，结合律改变的是数的运算顺序"，仅仅关注了数的位置和数的运算顺序，忽视了另外一个重要的前件。例如加法交换律"如果两个数相加，交换加数的位置，那么和不变"（许多教材和教师在表述时，为了让语句简短，常常省略"如果……那么……"这一组关联词语，甚至把"两个数相加"也省略了，最终剩下"交换加数位置，和不变"），具有"若 P 则 Q"假言命题的形式，P 称为命题的前件，Q 称为命题的后件，前件和后件构成了命题的整体。

实际上，数学中的"交换律"是指：一种运算"＊"和参加运算的某集合 A 中的任意"两个元素"a、b，一定有"$a * b = b * a$"，我们就说运算"＊"对于集合 A 满足交换律。由此可见，"两个元素参加运算"这一前件忽视不得，否则在判断"$25 + 38 + 75 = 25 + 75 + 38$"究竟用了什么运算律时就会发生知识性错误。

具体来看，"$25 + 38 + 75 = 25 + 75 + 38$"已经是三个数连加，按照运算规则，在"$25 + 38 + 75$"中，38 只与 25 运算，其和 63 才与 75 运算，怎么可以运用加法交换律交换 38 和 75 的位置呢？也就是说，正是因为加法还满足结合律，才能将 38 和 75 的位置交换过来，它可以看成是加法交换律和加法结合律的综合应用（如下图）：

$$(a + b) + c$$

↓ 加法结合律

$$= a + (b + c)$$

↓ 加法交换律

$$= a + (c + b)$$

↓ 加法结合律

$$= (a + c) + b$$

加法结合律如果联系加法交换律，那么加法结合律可以进一步延伸：三个数相加，可以把任意两个数先相加，再加上第三个数，和不变。甚至可以推广到更多的数相加的情况，经过加法交换律和结合律的多次综合运用，得到"多个数相加，都可以改变运算顺序，和不变"。从表面上看，多个数相加可以任意交换位置，似乎只是运用了交换律，其实应该说多个加数的基点最终是通过结合律化归到两数的交换律。只是在实际操作中，人们对"交换"这一特征印象更清晰，直接导致"只运用了交换律"的误见。

我们可以把"$a + b + c = a + c + b$"这样一个规律说成是由加法结合律和交换律证明了的一个"推论"。严格地说，"$a + b + c = a + c + b$"应用的运算律不是加法交换律的推广而是加法交换律和结合律的推广。对乘法也是如此，可以合并表述为：三个以上的数相加（乘），任意交换加（乘）数的位置，或者先把其中的任意几个结合成一组相加（乘），再同其他数相加（乘），它们的和（积）不变。

由此，我们还可以看出，加法交换律和结合律通常在加、减运算中同时使用，交换的目的在于结合，结合时一般是按正负结合，按相反数结合，总之，将容易计算的数进行结合；乘法交换律和结合律通常在乘、除运算中使用，交换的目的同样是为了结合，结合时一般将能约分的数结合。

五个基本运算定律适用于小数、分数、有理数、实数、复数，在中小学数学学习中畅通无阻。那么，是否像片段2中执教教师所说的"（加法）交换律不仅在数学中普遍适用"呢？答案是否定的。

首先，运算律只能运用于有限集合的运算，而不能运用到无限集合中。例如，

算法一：$1-1+1-1+1-1+\cdots=1+(-1+1)+(-1+1)+\cdots=1$ 或 $1-1+1-1+1-1+\cdots=1-(1-1)-(1-1)-\cdots=1$；

算法二：$1-1+1-1+1-1+\cdots=(1-1)+(1-l)+(1-1)+\cdots=0$。

同一道题得出两个不同的答案，当然是不允许的，其原因就是在无限范围内使用了加法交换律和加法结合律。由此可见，片段1中学生的发现——"无论多少个数相加，都可以改变运算顺序，和都不会变"，这种说法不对。

其次，学习了高等代数，就会知道代数运算不一定具有交换或结合的性质。例如，n 次置换的乘法能满足结合律，但不满足交换律；n 阶矩阵的乘法不满足交换律，但满足结合律。

再次，对定义新运算，例如 $a \oplus b = |a| + b$，对于运算 $a \oplus b = |a| + b$，交换律和结合律都是不适用的。

综合以上知识，我们就能得到这样一个结论：运算律在数学中并非普遍适用。那么，运算律在生活中是否普遍适用呢？答案也是否定的。

片段2中，执教教师课首采用两名学生交换位置、两件物品交换位置导入新课，这作为引子可以，不过与交换律还是有着本质区别。执教教师说的"数学源于生活"，只对了一半，完整的说法应该是"数学源于生活但高于生活"，也就是说"数学不完全等于生活"，以本节课而言，运算律不能滥用于

生活，万事万物在发展顺序和运作顺序上往往不满足"交换律"，例如穿衣服，先穿内衣再穿外衣，你就不能交换过来，先穿外衣再穿内衣；时间也是无法"交换"，你先上楼再下楼，有可能与先下楼再上楼的结果不一致。

综上所述，执教教师最后的补充——"看来，加法交换律不仅在数学中普遍适用，而且在生活中也普遍适用"并没有画龙点睛，反而成了画蛇添足，是教学的败笔。

我们再来看教师说的前一句话——"'朝三暮四'和'朝四暮三'结果是一样的"，如果脱离情境，纯粹地看数学等式"3＋4＝4＋3"，毫无疑问它符合加法交换律，但如果放到生活中就未必符合加法交换律，例如从养生角度看，"早上吃得少晚上吃得多"与"早上吃得多晚上吃得少"对健康的影响未必一样；从创新角度看，"从'三'追求'四'"与"从'四'追求'三'"显示的精神状态未必一样；从经济角度看，"先拿到'三'"与"先拿到'四'"所产生的经济效用未必一样……

综上所述，运算律，在数学中，并非无论在哪里都适用，在生活中，也并非无论在哪里都适用，所以教师需要三思而"后言"。

16 运算律，为何只在加法和乘法中讨论？

"望"：病例观察

一位教师把"加法交换律"和"乘法交换律"、"加法结合律"和"乘法结合律"分别整合成一节课教学。

教学"加法交换律"之后，作为过渡，教师让学生猜想"在其他运算中是否也有交换律？"

在探究过程中，学生发现有乘法交换律，减法和除法不满足交换律。然而，有一名学生认为也有减法交换律和除法交换律，例如"$18-2-3=18-3-2$"和"$18÷2÷3=18÷3÷2$"。

教师一看，傻了眼，不知如何解释，只好含糊地说道："这是减法和除法的性质，与运算律无关。"

……

"问"：病历记录

我课后问执教教师："你认为有减法交换律和除法交换律吗？"

执教教师答道："书上说没有，只有减法性质和除法性质。"

"在'$18-2-3=18-3-2$'和'$18÷2÷3=18÷3÷2$'中，'2'和'3'不是交换位置了吗？"我笑着问道。

"是啊。我也搞不懂为何没有减法交换律和除法交换律？"执教教师一脸困惑。

我追问："真的如你所说，运算性质与运算定律之间没有关系吗？"

执教教师缺乏自信地答道："这个我也吃不准，总在想减法和除法的运算性质为啥不叫减法和除法的运算定律……"

……

"切"：病理诊治

运算定律与性质是计算教学中的一个特殊的学习内容，是四则运算的"等价变化"规律，一般在整数四则运算中探究相应的定律与性质，在小数、分数四则运算中进行推广。

在运算律单元中，教材编排顺序大都是"加法交换律"→"加法结合律"→"乘法交换律"→"乘法结合律"→"乘法分配律"，这是按照"运算"来安排的。上述课例中，教师按照"规律"来重组教材，好处是学生容易联想到"在其他运算中是否也有交换律？"，有利于学生发散思维、类比思维、创新思维和整体思维的培养，也有利于过渡到乘法交换律的教学。也就是说，乘法定律可以让学生基于加法定律类比出来，同样，减法性质与除法性质的关系也可以通过类比得到。在教材重组中，加、减法的运算定律和性质的教学可视作"教学结构"阶段，乘、除法的运算定律和性质的教学就可看作"运用结构"阶段。

正因为重组教材之后的教学相对开放，有学生想到了减法交换律和除法交换律。根据前一篇文章所述，交换律只是指"两个元素参加运算"的情况，所以"$a-b-c=a-c-b$"依然属于加法交换律和结合律的推广，引入负数之后，它可以变式为"$a-b-c=a+(-b)+(-c)=a+(-c)+(-b)=a-c-b$"，同样，"$a\div b\div c=a\div c\div b$"依然属于乘法交换律和结合律的推广，引入分数之后，它可以变式为"$a\div b\div c=a\times\dfrac{1}{b}\times\dfrac{1}{c}=a\times\dfrac{1}{c}\times\dfrac{1}{b}=a\div c\div b$"。由此可见，上述课例中教师所说的"这是减法和除法的性质，与运算律无关"，前半句说对了，后半句说错了。

由此，我们还可以看出，基本运算律之所以不涉及减法和除法运算，一是因为在自然数集中，减法与除法运算不是封闭的，所以不能讨论关于它们的运算定律问题；二是因为在引入负数后，减法运算封闭了，从而把减法纳入了加法的范畴，同样在引入分数后，除法运算封闭了，从而把除法纳入了乘法的范畴。也就是说，加法和乘法的运算定律已经涵盖了减法和除法，在理论上已具完备性，所以不用再对减法和除法的"运算律"单独讨论。这就是执教教师的困惑——"为何没有减法交换律和除法交换律"的理由。

此时，可能有人会问："$a-b-c=a-(b+c)$"这一减法的运算性质和"$a\div b\div c=a\div(b\times c)$"这一除法的运算性质也能与五个运算定律挂上关系吗？确实，它们都可以通过运算定律推导出来：

$$a-b-c$$
$$=a+(-b)+(-c)$$
$$=a+(-1)\times b+(-1)\times c$$
$$=a+[(-1)\times b+(-1)\times c]\cdots\cdots(加法结合律)$$
$$=a+(-1)\times(b+c)\cdots\cdots(乘法分配律)$$
$$=a-(b+c)$$

$$a\div b\div c$$
$$=a\times\frac{1}{b}\times\frac{1}{c}$$
$$=a\times\left(\frac{1}{b}\times\frac{1}{c}\right)\cdots\cdots(乘法结合律)$$
$$=a\times\frac{1}{b\times c}$$
$$=a\div(b\times c)$$

不仅运算性质与运算定律之间相通，而且运算性质之间同样相通，例如"$a-b-c=a-c-b$"这一减法性质亦可由"$a-b-c=a-(b+c)$"这一减法性质推导出来，同样，"$a\div b\div c=a\div c\div b$"这一除法性质亦可由"$a\div b\div c=a\div(b\times c)$"这一除法性质推导出来：

$$a-b-c$$
$$=a-(b+c)$$
$$=a-(c+b)\cdots\cdots(加法交换律)$$
$$=a-c-b$$

$$a\div b\div c$$
$$=a\div(b\times c)$$
$$=a\div(c\times b)\cdots\cdots(乘法交换律)$$
$$=a\div c\div b$$

由此可见，规律是基本的，而性质是规律的延伸和推广。减法或除法的运算性质在数的理论系统中，不是源，只是流，因此与基本运算律不可等量齐观。从数学史看，我们的老祖宗在给出运算的定义之后，最主要的基础工作就是研究该运算的性质。在运算的各种性质中，最基本的几条性质，通常称为"运算定律"。由此可知，运算定律是运算体系中具有普遍意义的规律，可作为推理的依据，如上述根据运算定律来证明运算的其他性质，根据运算定律和性质来证明运算法则的正确性等。这就是执教教师的困惑——"减法和除法的运算性质为啥不叫减法和除法的运算定律"的答案。

基本的运算定律涉及了加法运算和乘法运算，单一的加法运算和乘法运算中包含了交换律和结合律，而分配律是加法运算和乘法运算的混合运算。无疑，分配律一直以来是教学的难点。

在小学数学中，分配律是重要的算术运算性质，它联系了乘和加两种算术运算，沟通了这两种运算之间的关系。然而，分配律简单地说成乘法分配律，隐去了分配律中的加法运算，给学生"加法在分配律中的作用比乘法在分配律中的作用小"的错觉。在国外的数学书中，称分配律为"加法之上的分配律"或"关于加法的乘法分配律"或"乘法对加法的分配律"，国内有些数学著作也称分配律为"加乘分配律"，拓展到减法运算时再称为"减乘分配律"，这样的命名可能更便于学生理解。在此，我们就可以根据"乘法对加法的分配律"这一名称，抓住其中的"分配"两字，来帮助学生记忆和运用：先把 a 分配给 b 与 c，并分别与 b 和 c 相乘得到两个积后再做和的过程。当然，也可以说成：先把"$(b+c)$"分成两部分，然后把 b 和 c 分别配给 a 相乘，最后合起来(如以下等式)。

$$a \times (b+c) = a \times b + a \times c$$

对乘法分配律而言，它也可以推广到两个数的差跟一个数相乘：$a \times (b-c) = a \times [b+(-c)] = a \times b + a \times (-c) = a \times b - a \times c$，有的书上也称"乘法对于减法的分配性质"。但是对于除法，没有"$a \div (b \pm c) = a \div b \pm a \div c$"这个分配性质，因为从意义上来说，除法是不可以分配的，除法是平均分，所以除法不可以。如果这样转化一下：$a \div (b \pm c) = a \times \dfrac{1}{b \pm c}$，$a \div b \pm a \div c = a \times \dfrac{1}{b} \pm a \times \dfrac{1}{c} = a \times \left(\dfrac{1}{b} \pm \dfrac{1}{c} \right)$，我们不难发现"$\dfrac{1}{b \pm c}$"与"$\dfrac{1}{b} \pm \dfrac{1}{c}$"并非一回事。

到此，可能有人会说，"$(a \pm b) \div c = a \div c \pm b \div c$"这个不是除法分配律吗？其实，它的真身依然是乘法分配律：$(a \pm b) \div c = (a \pm b) \times \frac{1}{c} = a \times \frac{1}{c} \pm b \times \frac{1}{c} = a \div b \pm a \div c$。

最后，顺便一提的是，在数学运算中常常需要把分配律倒过来用，不能叫作"应用了乘法的分配律"，只能讲是"逆用了乘法分配律"。因为它不再是"分配"，而是"合成"。

其"分配"过程可以用来解释多位数乘法计算法则，其"合成"过程则体现着化归思想，如"$78 \times 2.1 + 2.2 \times 21$"可以转化成"$78 \times 2.1 + 22 \times 2.1$"进而转化成"$(78 + 22) \times 2.1$"即"$100 \times 2.1$"。

17 背得不错,做起题来咋就错了?

"望":病例观察

一位教师教学"乘法分配律",课一开始,出示如下两组题目,男女生各做一组,比一比谁算得快。教师意在通过做第一组题女生的获胜引出新授内容。

第一组	第二组
(4+6)×2	4×2+6×2
(9+11)×15	9×15+11×15
(23+17)×40	23×40+17×40
(45+55)×9	45×9+55×9

结果,意外的是一名男生得了第一名。他发表获奖感言时说:"我就做了第一组好算的题……"话没说完,就有同学大喊:"做错题啦!"他急忙解释:"我发现两组题结果是一样的。"教师惊讶地追问他是怎么发现的,他说出了自己的看法:"第一个算式,以前在计算长方形周长时,就已经知道它们是相等的了,于是我就猜想这两组题结果是一样的。"

……

全课总结时,教师例行公事地问:"乘法分配律大家学会了吗?"学生众口一词:"学会了!"见此情景,教师追查:"哦?背得出了?你来背一下。"被点中的学生背得很流利,教师表扬道:"你果然学会了,真棒!"课后,教师要求学生熟记乘法分配律,并到小组长那里过关。

……

第二天,在教"利用乘法分配律进行简便计算"时,又抽背了几名学生,他们的表现让教师很满意。接下来练习书上的简算题,学生应对自如的表现再次让教师感到满意。看来,前面的功夫没有白费。

　　课后，我们给学生另外出了一些检测题，结果学生发生了这样一些错误：①(33＋4)×25＝33＋4×25；②12×97＋3＝12×(97＋3)；③25×(4×8)＝25×4＋25×8。学生前后判若两人的表现，让任课教师感到很奇怪："明明背得不错，做起题来咋就错了呢？"

"问"：病历记录

　　过后，我们对出错学生进行了重点访谈——

　　错例①：(33＋4)×25＝33＋4×25

　　师：你怎么想到这样算的？

　　生1：25和4是好朋友嘛，可以用乘法分配律简算呀。

　　师：乘法分配律，你用对了吗？

　　生1（等式前后对照了一下）：对啊。数字和符号都不差。

　　师：你再对照一下乘法分配律的字母式。

　　生1（终于发现了问题）：哦，33忘记乘25了。（顿了一会，一脸疑惑）咦，老师！这样计算，好像也不是特别简便哟。

　　……

　　错例②：12×97＋3＝12×(97＋3)

　　师：乘法分配律你会背吗？

　　生2：会啊。

　　师：乘法分配律你会用吗？

　　生2：会啊。

　　师：这题能用乘法分配律吗？

　　生2（感到很奇怪）：哦，不能简算吗？！哦——，我以为也要简便计算呢，就把97和3凑整了。（顿了一下，弱弱地说）老师，这题不会是您出错了吧？！

　　……

　　错例③：25×(4×8)＝25×4＋25×8

　　师：你为什么要用25分别去乘4和8？

　　生3（一脸疑惑）：用乘法分配律啊！（看了一会）老师，是我错了，没注意符号，应该用乘法结合律简算的。

……

接着，在与执教教师针对"背得出与做不对"这种背离现象的访谈中，听到了这样的反思：学生之所以出现这些错误，一是对乘法分配律缺乏生活经验及知识基础，没能够真正理解其内涵，只是在机械地背诵和纯粹地模仿；二是课后学生对乘法分配律的遗忘速度非常快。

"切"：病理诊治

经过课上观察和课后访谈，我们发现学生说得比做得好的症结在于流于"形式"，一是教学流于形式，二是知识流于形式，集中表现在只重乘法分配律的发现而不重乘法分配律的原理。

尽管课上学生都知道了乘法分配律，但不知"道"的知道根基不牢也不深，背诵也更多是小和尚念经——有口无心，遭遇变化或干扰，例如上述错例①和错例②，就经不住"考验"，原形毕露。

上述错例，固然与数的诱惑有关，但也与教师的教有着一定的关系。第一课时一开始的比赛，到课尾的练习，过多地采用了可以简便计算的题目，加上第二课时简便计算的强化，极易造成乘法分配律是为了简便计算的错觉，学生的第一反应就是能否简算，于是 4 和 25、97 和 3 等数的"捣乱"也就能够生效，所以学生会发出"咦，老师！这样计算，好像也不是特别简便哟""老师，这题不会是您出错了吧"等疑惑。鉴此，第一课时的第一印象很重要，教师应淡化简算的痕迹，突出乘法分配律的两个算式体现着两种思考问题的方式。在举例时，也应该少用一些特殊的数，避免过早地把学生的视线引向简便计算。

不管如何，学生的不熟"练"，说明对乘法分配律的意义建构和形式建构并不充分。而要少一些死记硬背，就要让学生知道"乘法分配律为何是这样的"，知"道"了才能知其形，不会轻易地犯糊涂、被误导。由此，在教学中，教师应该积极寻求让学生理解性、过程性记忆的方法。

一是强化乘法分配律的内在意义，让学生有联系地记忆。乘法分配律不只是为简算而存在，它还有着广泛的生活意义。当学生知道了知识的生活意义，学习也就会觉得有意义。所以，第一课时一开始的导入，教师不妨让知识"回到"生活：（1）一套服装，上衣 58 元，裤子 42 元，买这样的 3 套应付多少钱？（2）两车同时从两地相对开出，4 小时后相遇。甲车每小时行 70 千米，乙车每小时行 50 千米，两地相距多少千米？（3）铺地砖，左面每排铺 6 块，铺 9 排；右面每排铺 4 块，铺 9 排。一共铺多少块地砖？熟悉的生活，熟悉的旧知，能让学生感到新知不"新"。由此看来，访谈中执教教师所执的"缺乏生活经验及知识基础"理由不成立。

当然，有意义的教学不能止步于揭示乘法分配律的生活意义，还应该揭示乘法分配律的数学意义，这是知识的根本。

首先，我们可以采用数形结合的方式，帮助学生形象化地理解乘法分配律。上述课中，那名男生发现了"（4＋6）×2"与"4×2＋6×2"形似长方形周长的两种计算方法"（$a＋b$）×2"与"$a×2＋b×2$"，由此推测如此结构的两组算式结果相等，这是一种直觉思维，也是一种直观思维。这也告诉我们，学生以往学习中已或隐或现接触到了乘法分配律的身影。又如，在数的领域，"两位数乘一位数的口算"以及乘法竖式计算中也或多或少蕴含着乘法分配律的基因。

用长方形周长来形象化乘法分配律有一定的局限性，我们一般用长方形面积来"画"出乘法分配律（如右图），这样的图例可以从上述"铺地砖"的生活情境中抽象出来。当然，我们可以先把"铺地砖"抽象成格子图（如右图），作为乘法分配律从数到形之间的过渡，于是，我们可以进行如下教学铺垫：

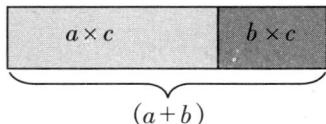

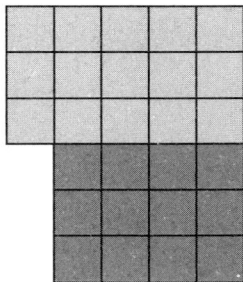

（1）一排排地出示浅灰色小正方形，计算总个数，得到算式"5×3."

（2）出示算式"4×3"，你想到了怎样的画面？一排排地出示深灰色小正方形。

（3）问：小正方形一共有多少个？引导学生列出综合算式"5×3＋4×3"和"（5＋4）×3"。对"（5＋4）×3"，教师动态演示两个图形的合并过程。

接着上述教学过程，把上面的合并图去除格子线，就可以进一步抽象成前述"$(a+b)\times c=a\times c+b\times c$"所表示的长方形面积图。

最后，我们还应该回到知识的源头来理解乘法分配律。顺着上述图形示意，逐步从"几个小正方形"抽象到"几个几"，也就是最终用乘法意义来解释乘法分配律——

$$(5+4)\times 3 = 5\times 3 + 4\times 3$$
$$(5+4) \text{个} 3 = 5\text{个}3 + 4\text{个}3$$

总之，乘法分配律的教学，我们不能仅仅满足于让学生采用不完全归纳法发现规律，还应该注重乘法分配律从生活表征到图形表征再到数学表征的抽象过程，学生知道了乘法分配律的意义，也就能够实现有意义建构——乘法分配律的特征也就能够铭记于心。至此，访谈中执教教师的困惑"没能够真正理解其内涵，只是在机械地背诵和纯粹地模仿"也就会烟消云散。

二是强化乘法分配律的外在特征，让学生有联想地记忆。有意义记忆可以延长知识的保存时间，但也不是一劳永逸，还取决于学生是否对知识的外形了然于心，所以，形式上的记忆也很重要，学生只要想到乘法分配律，脑中就能够自动跳出它的模型。

然而，单调的背记会让学生生厌。对此，有一位教师采用比喻的方式帮助学生记忆"$a\times(b+c)=a\times b+a\times c$"的形式：$a$喜欢交朋友，先与$b$乘一乘，再与$c$乘一乘，最后一起手拉手。

还有一位教师则讲得更有意思：a妈妈有两个儿子，一个是b，一个是c。b和c先住在一起。后来b和c长大要分家了，a妈妈既要拉b的手又要拉c的手。为什么？因为a既是b的妈妈又是c的妈妈。少拉了一个儿子的手，另外一个儿子就会认为妈妈偏心，会伤心的。

这样的比喻虽然不科学，但足以达到趣味化辅助记忆的目的。正因为是辅助，所以这样的"幽默一记"应该放在规范化记忆之后。调查表明：如果在叙述一个概念时，紧接着举一个幽默的例子解释概念，可以帮助学生更好地理解。以幽默的方法点拨知识，特别对一些抽象的数学内容和深奥的数学道理，可以使其通俗化，从而降低知识难度，提高理解效度。

当然，我们还可以抓住乘法分配律中的"分配"两字，帮助学生记忆和运用：先把"$(b+c)$"分成两部分，然后把 b 和 c 分别配给 a 相乘，最后合起来。

有意义的知识建构加上有意思的知识建构，可以最大限度地预防或延缓访谈中执教教师所担心的——"课后学生对乘法分配律的遗忘速度非常快"。

上述错例③告诉我们，对乘法分配律，学生最容易与乘法结合律发生混淆。它还告诉我们，比较也是强化知识特征的有效方法。除了从结构上比较之外，我们还可以从意义上比较。当然，受制于学生的学习内容，我们还不能把乘法结合律表征为长方体的体积，但我们可以借助生活情境来帮助学生理解两者意义的不同，例如有一位教师这样设计乘法分配律与乘法结合律的比较教学：

（1）出示"$28 \times (4 \times 2)$"，问：如果 28 表示每壶油 28 元，那么这个算式的每一步计算可能表示什么？结合学生解释画出示意图。

那么，"$28 \times 4 \times 2$"这个算式每一步表示什么？

（2）将"$28 \times (4 \times 2)$"改成"$28 \times (4+2)$"，它们表示的含义一样吗？

（3）如果"$28 \times (4+2)$"去掉括号——"$28 \times 4+2$"，又会发生什么变化呢？那么"$28 \times (4+2)$"去掉括号应写成什么呢？

（4）讨论：同样是去括号，为什么"$28 \times (4+2) = 28 \times 4+28 \times 2$"中"28"出现了两次，而"$28 \times (4 \times 2) = 28 \times 4 \times 2$"中"28"只用了一次？

上述教例，运用了多种比较和多次比较：纵向上，乘法分配律与乘法结合律进行比较；横向上，乘法分配律左右两个算式进行比较。每一种、每一次形式上的比较，其实都归结于意义上的比较。表面上，与乘法结合律的比较花费了教学时间，实质上却在反作用于乘法分配律的理解和记忆，比较常常能够达到一举两得的功效。为此，在练习中，我们可以用"25×44"大做文章，如果变成"$25 \times (4 \times 11)$"，则用乘法结合律简算，如果变成"$25 \times (40+4)$"，则用乘法分配律简算（其实也就是竖式乘法的算法），一题两法，对比强烈。

比较有助于加强记忆，由此还启发我们，在教学中不妨插入一些如错例②这样的反例，一方面可以让学生在对比中清晰地认识并掌握乘法分配律的结构特征，另一方面可以克服学生"凡是这节课教的都可以用乘法分配律"的思维定式，同时还可以使学生领教到审题的重要性。

综上所述，学生背得出，并不表示就学会了，学生背得熟练，并不表示就能够熟"练"。要能够熟"练"，反复操练固然可以，但若能明明白白地操练无疑是上上之策，首先能"知其理"，然后能"识其貌"，如此的"知""识"学习，才能让学生更好地掌握知识。

18 "方程像什么",这样的举例合适吗？

"望"：病例观察

在一节"认识方程"的课中，教师设计了以下两个教学环节：一是以天平为载体呈现等量关系和不等量关系，然后进行分类得到方程；二是以方程的定义为切入点，从"等式"和"未知数"两个要点认识方程，并通过大量练习进行强化，最终学生都能抓住教师再三强调的"等式"和"未知数"两个要点来判断方程。

在课即将结束的时候，教师让学生回顾对方程的认识，开始回答的学生都在复述方程的意义——"含有未知数的等式叫作方程"。教师正在全课总结，有一名学生谈了自己的学习体会："我觉得方程就像一对双胞胎在一起玩跷跷板一样，两边相等，很平衡。"

教师没有马上反馈，暗自思考该如何评价，其他学生却很受"启发"，纷纷举手要发言。教师一看学生有如此高涨的学习热情，也不由得兴奋起来，允许学生畅所欲言，结果又出现了以下"精彩纷呈"的举例，让教师大呼过瘾，直至下课铃声响起——

生1：方程像农民伯伯挑的粪桶担。

生2：方程像少林寺和尚用双手提水桶练功。

生3：鸟儿的翅膀就像方程一样用来保持它们飞行时的平衡。

生4：对，飞机的两翼也是这个道理。

生5：我们人类繁衍生存的男女比例是一半一半的，这也与方程相似吧？！

生6：科学课上学过植物链、动物链，我觉得，生态平衡问题就像一个大大的方程。

......

"问"：病历记录

课后，我问学生："你们觉得方程难学吗？"

学生众口一词，都说不难，只要抓住"等式"和"未知数"两个要点就行。

"那为什么要学方程呢？"

许多学生都说不出所以然。

我换了一个话题："一辆公交车行驶到某一站，下车 6 人，上车 4 人，这时车上一共 12 人。这里有方程吗？"

学生众口一词，都认为没有，因为这里看不到天平的平衡。我又换了一个话题："你认为 $x = 1$ 是方程吗？"

许多学生都认为是，因为它符合"等式"和"未知数"两个要点。还有一些学生感觉这个方程有点怪。

我转而问教师："$x = 1$ 是方程吗？"

教师有点迟疑地说："应该是吧，它是一个含有未知数的等式。只是这个方程也太简单了。"

"明明 x 等于 1，怎么可以说它未知呢？！"

"这个……，是啊，这是怎么回事呢？"教师一筹莫展。

我又换了一个话题："你觉得，学生在课的最后，所说的对方程的认识是否准确？"

教师一脸无奈："说实在的，我也说不准，但我感觉他们这样说还是比较形象生动的。"

……

"切"：病理诊治

数学家笛卡尔在《指导思维的法则》一书中提出了一种解决一切问题的"万能方法"，其模式是：把任何种类的问题转化为数学问题；把任何种类的数学问题转化为代数问题；把任何种类的代数问题转化为方程（组）的问题，然后讨论方程（组）的问题，得到解之后再对"解"进行解释。从中，我们可以感觉到"方程"知识的重要性，它是解决问题的重要方法，由此有专家认为"方程既非基本概念，也非基本理论，而是基本方法"。

然而，许多教师对方程的本质认识也比较模糊，这可以从课后我询问教师"$x=1$ 是方程吗？"中反映出来。

那么，方程的本质是什么？张奠宙教授对方程进行了重新定义："方程是为了寻求未知数，在未知数和已知数之间建立起来的等式关系。"如此发生式定义首先告诉了我们方程的核心价值，即为了寻求未知数，接着告诉我们，方程乃是一种关系，其特征是"等式"关系，这种等式关系，把未知数和已知数联系起来了，于是，人们借助这层关系，找到了我们需要的未知数。可见，"含有未知数的等式叫作方程"并非方程的严格定义，仅是一种朴素的描写，方程的意义不在于概念本身，而在于方程的本质特征：为了求未知数，在未知数和已知数之间建立起来的等式关系。

至此，我们就不难回答"$x=1$ 是方程吗？"这一问题，从形式上看，"$x=1$"是方程，这个式子里有未知数，也有等式，完全符合教材对方程的描述。但如果用方程是"为了求未知数，在未知数和已知数之间建立起来的等式关系"来看，"$x=1$"更应该说成是方程的解。否则，只会出现"数学悖论"——"明明 x 等于1，怎么可以说它未知呢？！"

在教学中，如果教师始终只是抓住"等式"和"未知数"这两个要点去认识方程，那永远只能流于形式，这样的教学就是史宁中教授所说的把思路搞反了，学生对方程的认识只是停留在熟练背诵方程定义的层面上，也就是说，这样的教学过程只是教会了学生定义，而没有教会学生意义。

因为"方程既非基本概念，也非基本理论"，所以我们的教学不应过分在方程的"是什么"上咬文嚼字、对号入座，而应该在方程的"为什么"上下功夫。陈重穆教授也指出："含有未知数的等式叫作方程"这一定义中没有体现方程的本质，这样的定义要淡化，不要记，无须背，更不要考。真正的方程教学关键是要理解方程思想的本质，它的价值和意义，让学生通过丰富的问题情境，去发现其中的相等关系，在表达这些相等关系的时候，有的不需要未知数，有的需要未知数参与，下面这个教学片段就很好地让学生明白了方程的"为什么"。

师：你今年几岁啦？

生：11。

师：你的年龄是一个已经知道的数，在数学上称为已知数。你知道老师的年龄吗？

生：不知道，是未知数。

师：你们想把这个未知数变成已知数吗？我的年龄减去 20 岁后，还比你们大。我的年龄减去 30 岁，比你们小。能确定我的年龄吗？

生：不能，只是一个范围。

师：如果我的年龄减去 27 就等于 11 呢？

生：38。

师：刚才给你们三条信息，为什么前面两条信息你们不能确定我的年龄，而第三条信息一出来就能确定？（学生小组讨论）

生：只有相等的式子，才能求出确定的结果。

师：怎样把这三条信息用含有字母的式子表示？

生：$x-20>11$，$x-30<11$，$x-27=11$。

师：比较一下，你们发现了什么？

生：第三个式子是左右相等的。

师：是的，像在未知数和已知数之间建立等量关系的式子，在数学上叫方程。

……

在小学教学中，方程是小学生首次学习有关代数的知识，是学生从算术思维向代数思维过渡的初期。然而，在访谈中学生普遍认为"方程不难"，这在一定程度上暴露了教师并没有认识到方程的真正价值，也没有做好教学难点的突破。

首先，我们要让学生弄清楚等式关系这一个教学难点。学生在以前的学习中，经常做的计算题，例如"1＋2＝?"，此时"1＋2＝3"中的"＝"，在学生的眼里，常常被看成一种具有运算性质的符号，然而，以前学生也曾做过诸如这样的判断题"在〇里填＞＝＜：1＋2〇3"，此时"1＋2＝3"中的"＝"，教师却常常未能及时指导学生认识到它其实就是一种关系符号。由此可见，"1＋2＝3"在学生的眼里更多被看成一个算式——"1＋2＝?"而非一个等式——"1＋2〇3"，其实，"1＋2＝3"中的"＝"在根本上就是一种关系符号。

学生长久局限在算术的思维导致在学习方程时对"="是一种关系符号的认识感到困难，对此，教师可以复习"在〇里填＞＝＜：1+2〇3"这样的判断题，勾起学生对"往事"的回忆，认识到"1+2=3"中的"="表示相等关系。为了增加视觉效果，引起学生的注意，教师还可以在例1（如下图）前增加这样的铺垫——"在天平左右两边各放 20 克砝码"，让学生对"20＝20"在视觉上产生强烈的"不舒服"——"有这样的算式吗?"，此时教师把"20＝20"改换成"20〇20"这种学生曾经做过的判断题形式，帮助学生领悟到"20＝20"表示的是一个等式，从而在对比中认识到此处的"＝"是一种关系符号。

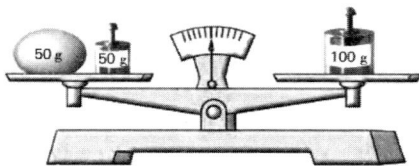

除了方程的工具价值，方程思想的感悟也是教学的重点和难点。方程思想的核心在于建模、化归。史宁中和孔凡哲在《方程思想及其课程教学设计——数学教育热点问题系列访谈录之一》一文中指出："小学四则运算仅仅提供一种算法，而一元一次方程则比较全面地展示了建模思想——用等号将相互等价的两件事情联立，等号的左右两边等价，至于其中的关系是用自然语言表示的，还是用数学符号表达的，都不太重要，重要的是等号左右两边的两件事情在数学上是等价的。这就是数学建模的本质表现之一。"在认识"方程是一种模型"的教学中，教师应该让学生认识到"相互等价的两件事情"不仅只是下页左图所示事物与砝码之间的等价关系（因为学生常常将砝码视为事物称重的结果，此情景下的"="，学生往往视之为运算符号），还可以是下页右图所示一种事物与另一种事物之间的等价关系（此情景下的"="更容易让学生清楚地认识到它是一种关系符号），从而使学生能正确地理解方程的意义。

本课教学不能停留在概念层面的理解，而应该注重让学生经历方程的建模过程，从已有模式出发赋予方程合理的生活情境，让学生在经历方程建模的过程中深刻理解方程的意义。上述课例，从课后的测试可以看出，学生对

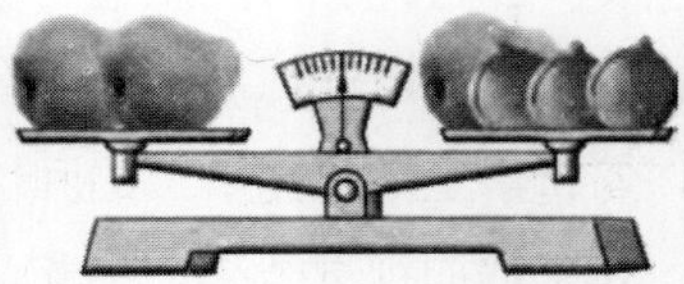

方程的认识满脑子只有"天平"，这对方程的建模是不够的。我们应该帮助学生跳出天平而在更大的范围内认识方程，除了"乘车问题"，还有如下教学片段中的"倒水问题"，同样存在着方程。

师：现在老师把看得见的天平收起来了，不知道你们的心中有天平吗？

生：有！

师：拿出来！（学生两手平衡表示天平）

出示题目：一个水壶，装有2000毫升水，往两个暖壶倒满水，再往一个200毫升的水杯倒满水，正好倒完。（假设一个水壶的自身重量＝两个暖壶的自身重量＋一个水杯的自身重量）

师：这道题里有天平吗？

生：没有。

师：真的没有吗？

生：有！

师：在哪儿呢？拿出来。右边2000毫升水壶，现在天平怎么样？（学生演示）左边倒满一个暖壶，再倒满一个暖壶，天平还不平衡，再加一个装满水的200毫升的水杯，天平平衡吗？

师：你会列出方程吗？

……

当然，上述"倒水问题"中的方程也可以只关注水的相等关系。在"乘车问题"和"倒水问题"之类的迁移中，学生会经历一个"天平"的变异、抽象和拓展过程，例如下页上图所示，"天平"变成了示意图、线段图等形象。如果说，下页上图所示的问题还能让学生看出"天平"，那么下页下图所示的问题则更需要学生想出"天平"，这样的抽象和变通过程是数学模型建立必须经历的过程。

x 50   100   苹果 ○○○○○   50   80元 ⎰‾‾‾‾‾‾‾‾⎱ ? | x | 7 | 12   ......
⎰‾‾‾‾‾‾⎱ ○○○○○   200元

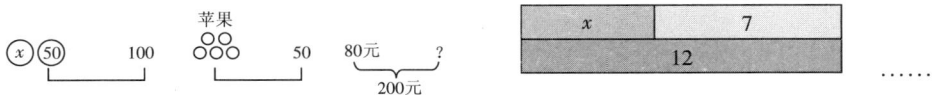

小明每天看同样多的书，
看了3天，共看180页。

同时，要让学生对方程更好地建模，教师不妨多采用对比手法，教学可以分两个层次：一是同样的问题情境可以写出不同的方程，让学生从不同角度寻找等量关系，体会数量间的相等关系是方程的根；二是不同的问题情境可以用同样的方程来概括，表明方程是刻画现实世界的有效模型，例如设计一些诸如"你能说一说生活中还有哪些事情也用方程 $4x = 400$ 表示吗？"之类的开放题。异中有同，同中有异，这也是方程的魅力所在。

上述"倒水问题"教学中，教师的高明之举就是逐步引导学生将心中的天平代替活动的天平。学习方程，形式上的天平并不重要，重要的是心中要有"天平"——数量间的相等关系。只有心中有数量之间的相等关系，才能真正体会到这种相等关系所带来的数学思维的变化。

经过如此深入知识本质的教学，也就能够最大限度地避免上述课例中一些学生对方程的模糊认识：一名学生的举例——"我觉得方程就像一对双胞胎在一起玩跷跷板一样，两边相等，很平衡"，其实玩跷跷板是以不平衡为目的，如果跷跷板平衡了，玩的人会通过移动位置努力使之不平衡，而天平（方程）则是以平衡（相等）为目的，所以，它们不能简单地比较。同样，另一名学生的举例——"方程像农民伯伯挑的粪桶担"，挑粪桶担虽然以平衡为目的，但它可以通过调节支点两边的距离来实现，所以平衡不一定相等。另外，这些学生的举例都缺失了方程的另一个主要元素"含有未知数"，正确地说应该是"求未知数"，在此确实可以看出学生满脑子只有"平衡"意识。而教师在处理这些生成性问题的时候没有及时介入做正确的指导（由此看出教师对此认识也比较模糊），导致学生的举例走上岔路，把"方程是什么"的科学性认识开始偏向"方程像什么"的艺术化认识，最终远离知识本质、学科本质而不亦乐乎，淡忘甚至遗忘原有的思考对象和知识目标。

教学过程是动态变化的，其随机性造就了许许多多的生成性问题。有些生成性问题对教学有着积极作用——造就教学意外的"故事"，教师应及时开发和利用这些有益的问题，使之能上升为教学的"资源"，使教学更精彩；而有些生成性问题对教学有着消极作用——造成教学意外的"事故"，教师应及时抛弃或转化这些无益的问题，使之不演变成教学的"垃圾"，使教学正常化。

然而，教师对这些生成性问题并非都能保持清醒的认识，并能科学合理地处理。有的教师因本体性知识不足，对生成性问题是否正确无从判断；有的教师误解新课程理念，片面认定生成性问题的正面效应；有的教师审视能力偏低，判断迟钝，教育机智不强，显得无所适从。所以，教师需要加强自身修炼。

B

图形与几何

19 如何选好准确切入知识的角度？

"望"：病例观察

这是一节"角的初步认识"课的教学片段——

师：生活中许多物体上有角（多媒体投影教材情境图：长方形纸、正方形纸、五角星、三角板、闹钟、剪刀），这上面你能找到角吗？

学生上台在屏幕上指角，但都是指在了角的顶点处。

师：同学们指的是这样一个图形（边说边在黑板上点一个点），这是个角吗？

生：不是，这是个点。

师：对，这是个点，刚才同学们指的不就是这样吗？想想看，怎样才能将你想的样子完整地指出来？

生1这样指 ∠→，生2这样指 ∠←。

师：大部分同学的指法还不对。想不想看看老师是怎样指角的？（教师示范指 ∠→）现在会指了吗？

教师根据学生的指画用多媒体隐去实物抽象出角的平面图形。

师：请同学们拿出你的三角板，找出其中的一个角，像这样（教师示范摸角的顶点）摸一摸，有什么感觉？（生交流）再摸摸这两条线（教师示范摸角的两条边），感觉怎么样？（生交流）

师：每个角都有一个尖尖的地方和两条直直的线。这个尖尖的地方叫作角的顶点，这两条直直的线叫作角的边。（边说边板书）一个角有一个顶点，两条边。

……

"切"：病理诊治

在生活中，我们常说做事要不拘小节，在教学中，我想说做课要善拘小节。这里所说的"小节"，可以是一个细节，也可以是一个环节。在一节课中，教师思考问题的角度不同，处置教学细节和设置教学环节的角度不同，就可能会产生不同的教学功能和教学效果。

下面选取上述课例中的指角细节和摸角环节来阐述教学小节的微雕和微调技术。

一是指角细节："近视"不如"远视"。学生开始在指角的时候，由于认识局限和动作习惯，大多会指向顶点或沿着边描画。

对前者，我们可以像上述课例中的教师那样顺手把学生所指的"点"留影在黑板上，学生就会清楚认识到这种指法不科学。如果教师瞻前顾后能够看得远一些，那么在此可以趁机"指点"知识：选取学生熟悉的三角板教具，把它一角的顶点压在黑板上刚才画的那个点上，启发学生完整地指出角。这样的设计，有两个好处：第一，可以引导学生完善指角的方法；第二，可以依照学生指角的手势描下角的平面图形。因为在角的初步认识中不需要教学画角的方法，但教师又希望能在黑板上留下角的形象，解决的办法大多是把事先画好的角的平面图直接张贴在黑板上。而现在教师这样的画角给学生的感觉是描角，这种做法是学生之前学习长方形、正方形、圆等知识时已有的活动经验，在此有了很好的衔接。紧接着，多媒体演示对长方形纸、正方形纸、五角星、闹钟、剪刀等描出角后隐去实物的抽象过程，与之也有了很好的衔接。

对后者，学生沿着边指角的方法 ∠ ，在本课中教师不能视之为错。但许多教师考虑到以后第二学段教材中对角的静态描述性定义"由一点引出的两条射线所组成的图形叫作角（一点两线）"，常常会要求学生这样指：

∠ ，这是一种远见。在此，我想说的是，如果看得更远一些，角在中学教材中还有一种动态发生性定义"一条射线绕着它的端点从一个位置旋转到另一个位置所形成的图形叫作角（定点旋转）"，对此相匹配的指角动作显

然是 ∠ 。鉴于数学中的角最主要是研究它的两条边张开的程度，即角的大小，而边的长短并非是研究重点，我们也可说角的边的长短并非是它的本质属性，由此针对上述两种指角的方法，我们可以研究的是，哪一种指法更有利于学生认识角的本质？无疑，后一种指法更有助于引导学生把视线放在角张开的大小上，而可以较少关注角的两边长短。这样的指法选择，尤其适合本节课不要求揭示"角的大小与边的长短无关"的教学目标，并且还有助于学生自然得出和动态理解角的符号。当然，如果想同时反映出角的静态定义和动态定义，我们也可以综合上述两种指法：如下图，先手指角的顶点，口说"这——"，再手指两条边 c'、d'，口说"——是——"，最后手指角的张口，划出一条弧，口说"——一个角"。这样指，最后的动作依然定位于角的张口大小。

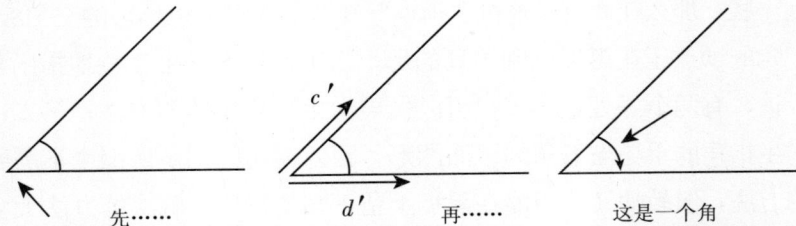

先……   d'   再……   这是一个角

二是摸角环节："后置"不如"前置"。 在教学中，许多教师会像上述课例那样在抽象出角后安排学生摸角的活动，然后揭示角的各部分名称，似乎还可以培养学生的"形感"。其实，学生摸到的顶点尖尖的感觉充其量只能说是角的物理特性，而非数学特性。因为数学中的点是没有大小的，是摸不出什么感觉的。所以，这样的摸角活动反而会带给学生对知识的误解。

　　如果要让学生感觉生活中"角"的物理特性，那么摸角环节宜前不宜后，应放在角抽象之前，作为从生活中的角引向数学中的角的教学前奏。我们可以这样设计：在课首，教师拿出一只装有三角板、瓶盖、乒乓球等物体的黑布袋，要求学生摸出一个有角的物体，此时学生就会凭着"尖尖的"感觉很容易地找到三角板上的角。教师顺势以三角板为教具，抓取三角板名称中的"角"字和三角板上的角"借题发挥"导入新课。摸角环节的前置，不仅可以遵循"生活—数学"的新知教学路径，而且可以随着知识的高度抽象，使学生逐渐淡忘角的物理性，把生活对知识的干扰降到最低，帮助学生完全从数学角度来认识角的各部分名称，消除"角的顶点是尖尖的"这种把生活与数学混为一谈的错误印象。

20 学习怎样在"拉关系"中拉开序幕？

这是一节"分米和毫米的认识"课的教学片段——

一、情境导入

大象和小老鼠去体检，这是他们的身高报告单。哎呀，忘贴照片了！猜猜看分别是谁的？

伸出你们的小手，分别比画一下 1 米和 1 厘米的长度。在长度单位的王国中，还有比厘米大但是比米小的单位，也有比厘米还小的单位呢，我们随大象和小老鼠一起去研究，好吗？

二、探索新知

（一）认识分米

1. 引入分米

大象拿出文具盒量了量说：我的文具盒长大约 20 厘米，宽大约 10 厘米。这时，机灵的小老鼠马上说：10 厘米还有另一种说法呢！（板书：分米）

2. 明确关系

（1）数一数：拿出学生尺，数一数，1 分米里面有几个 1 厘米？（板书：1分米＝10厘米）

（2）指一指：大象的尺子断了，从哪到哪是 1 分米呢？你能帮它找找吗？

3. 感知长度

（1）画一画：你能用尺子画一条长 1 分米的线段吗？

（2）比一比：你会用手势比画出 1 分米长吗？

（3）找一找：找一找周围哪些物体的长大约是 1 分米？

4. 验证进率

10 个 1 分米的纸条是几分米？猜一猜、估一估是几米？你有什么办法来

证明你的发现？（用米尺验证或通过 1 米＝100 厘米来推导证明。板书：1 米＝10 分米）

（二）认识毫米

1．引入毫米

量一量数学书的厚度是多少？这本书有 1 厘米厚吗？如果不用"大约"这个词，怎样精确地表示出数学书的厚度呢？

2．明确关系

（1）看一看：直尺上 1 厘米中间还有一些刻度线，把 1 厘米分成许多小格，你知道每一个小格的长度是多少吗？（板书：毫米）

（2）数一数：用铅笔尖在尺子上指着数一数 1 厘米有几个 1 毫米？（板书：1 厘米＝10 毫米）

3．感知长度

（1）画一画：你会画一条长 1 毫米的线段吗？

（2）比一比：你会用手势比画出 1 毫米长吗？

（3）找一找：找一找周围哪些物体的长大约是 1 毫米？

……

"切"：病理诊治

"分米和毫米的认识"这部分内容是在学生认识长度单位米和厘米，有了一定的用尺度量能力的基础之上进行教学的。在日常的生活、生产和进一步的数学学习中，分米和毫米的使用频率要比米、厘米低一些。鉴此，教材并没有按照长度单位从"米 $\xrightarrow{\div 10}$ 分米 $\xrightarrow{\div 10}$ 厘米 $\xrightarrow{\div 10}$ 毫米"的知识演变顺序来安排教学顺序，而是按照知识在生活中的熟识度和使用率先编排了米和厘米，后编排了分米和毫米。

上述课例中，虽然创设了"大象和小老鼠"的故事，但学习情境的有趣换不来学习情感的有劲，我们不难发现，每一次学习活动的实施，学生都是在"听从教师的呼唤"而行事。那么，本课学习能否让学生"听从知识的呼唤"而行知呢？

一是拉好"近亲"知识之间的关系。如果从长度单位这个"小家庭"看，米、分米、厘米和毫米无疑是"亲兄弟"，在教学时，厘清它们之间的大小关系、进率关系是教师义不容辞的责任。如果我们能够看远一些，把长度单位放到计量单位这个更大的背景中，那么长度单位也可以说是其他计量单位的"表兄弟"。

在设计本课教学时，首先要拉好知识"小家庭"中的亲缘关系，除此，我们还可以思考，在知识"大家庭"中是否有着可以彼此照应的有缘关系。在学生的知识库中，"元、角、分"与"米、分米、厘米、毫米"有着相同的结构关系。如果我们以此为模板设计本课，那么，教学就可能不再是上述课例亦步亦趋的模样。

具体可以这样设计：（1）教师出示"1－1＝9"，学生都会认为此式不成立；（2）教师改写成"1（　　）－1（　　）＝9（　　）"，让学生填已经学过的计量单位使等式成立，学生很容易想到"元、角、分"，并由此猜想出"米"和"厘米"之间可能存在一个长度单位，与米和厘米之间也是十进制关系（板书如下图）；（3）教师肯定学生的猜想成立，揭示"分米"，也可能学生在生活中听说过或看见过这个单位，然后教师抓住"1 分米＝10 厘米"的进率关系让学生在直尺上找 1 分米。如此设计，学生一旦把新知与已学的"元、角、分"知识拉上关系，那么旧知的内容构造和学习方式就会成为新知学习的踏板。

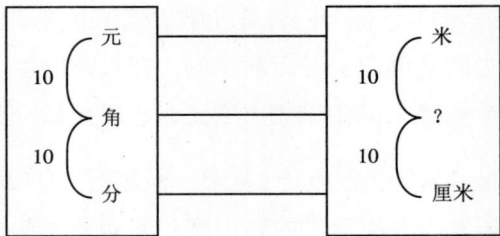

长度单位和货币单位虽然算不上"至亲"，但它们可以算是"近亲"，都是计量单位。如果我们看得再远一些，走出"直系血亲"——几何领域，观察"旁系血亲"——数的领域，也会发现计数单位也是十进制，有着类似的进率关系，如此"拉关系"，就把不同领域的知识融会贯通了。

二是拉好"至亲"知识之间的关系。研究对象确定之后，就涉及研究方法的确定。学生在自我设计研究方案时，就会自觉与亲缘知识"厘米和米"拉上关系，采用"看一看""数一数""指一指""画一画""比一比""找一找"等学习方法。虽然学习程序相同，但它是由学生自己确定的。之中，教师只需要做好三个"提"：第一，为学生提供素材；第二，提醒学生注意；第三，提升学生思维。

在研究分米与厘米之间关系时，我们可以采用"由小到大"的研究思路，10 个 1 厘米接成 1 分米。认识分米后，再通过在米尺上直接数一数，或者配合多媒体演示通过"1 米＝100 厘米"和"1 分米＝10 厘米"推导出"1 米＝10 分米"。

"毫米"的引出，首先可以通过测量数学书的厚度引出毫米单位存在的意义，然后让学生根据较大长度单位之间的进率引出毫米与厘米之间的进率，在此，我们可以反过来采用"由大到小"的研究思路，还原到长度单位的创造史，让学生在 1 厘米中"创造"出 1 毫米，从而认识毫米。

教师需要注意，毫米虽是较小长度单位，但不等于只用于较小长度中。学生受测量数学书厚度情境的影响，很容易误以为毫米只用于"不满 1 厘米"的计量。对此，在教学后期，我们不妨增加一些超过 1 厘米甚至超过 1 分米、1 米的素材，打破学生思维定式，让其正确理解毫米用于"不满整厘米"的计量，与精确度有关。

附带一提的是，新授结束后，教师可以前后呼应，回到"1（　　）－1（　　）＝9（　　）"，让学生试着用学到的长度单位填一填："1 米－1 分米＝9 分米""1 分米－1 厘米＝9 厘米""1 厘米－1 毫米＝9 毫米"。课尾，教师还可以在"米"和"毫米"两端让学生猜想更大、更小长度单位存在的可能性。

21 估测教学能否可以不再"空虚"?

"望"：病例观察

这是一节"面积单位"课的教学片段——

[片段1]

教师用多媒体电脑出示奥运会篮球场的照片，问学生篮球场地的面积大约有几个教室这么大？

学生胡乱猜测：二十几、十几、三十几……。教师只好自己出示标准答案："奥运会篮球场地大约有7个教室这么大。"

……

[片段2]

在教学面积单位"1平方厘米"时，教师采用"看一看""摸一摸""想一想""画一画"的活动流程让学生体验1平方厘米的大小，最后"画一画"的目的是让学生提取和外显1平方厘米面积单位的表象，以此来检测学生对这一面积单位认识的清晰度。

然而，学生在用直尺或三角尺画1平方厘米的正方形时，为了结果的准确，会不由自主地使用尺子上的刻度来画出标准图形，这就无形中降低了让学生凭"印象"画出1平方厘米面积单位实际大小的测试要求。

……

[片段3]

在教学面积单位"1平方分米"时，教师采用与教学面积单位"1平方厘米"时相同的活动形式，让学生感知1平方分米的实际大小，只是把最后的"画一画"改成"剪一剪"，用纸剪出1平方分米的正方形。

学生剪完后，教师让学生把"个人作品"与"标准成品"进行比较，看一看两者之间的差距。接着，教师在学生"差不多""大多了""小多了"等感叹中转入后继面积单位"1平方米"的教学。

……

[片段4]

教师教学面积单位"1平方厘米"后，让学生用6个1平方厘米的正方形拼一拼，教师一一展示并让学生说一说拼成图形的面积是多少平方厘米。学生拼出如下一些组合图形。

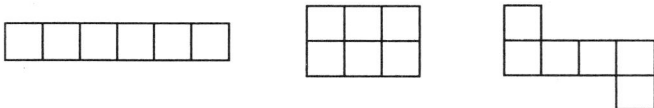

……

[片段5]

教师教学面积单位"1平方分米"后，让学生找一找生活中哪些物体的面积接近1平方分米。学生举例后，教师拿出一张长方形照片，通过割补让学生发现它可以拼成一个正方形，面积大约也是1平方分米。

……

"切"：病理诊治

培养学生的估测意识，提高学生的估测能力，是新课程标准中出现的一项新内容，也是小学数学教学的重要目标之一。在生活实践中，估测是一项十分有用的实际能力。

估测能力的培养主要落实于测量教学，然而正如估算教学一样，教师普遍反映"教学难教，学生难学"。由于估测教学本身的"性虚"——目标难以把握，内容难以设计，结果难以评定，由此许多教师感到"心虚"，在涉及可以开展估测教学的"地区"虚晃一枪或虚张声势，致使估测能力的培养落空。

那么，在上述课例中，怎样让估测教学取得实效呢？

一是让"估测"有据可依。在片段1中，教师取材篮球场地，并沾光"奥运会"，这无可厚非，只是这一篮球场地的平面图，难以让学生凭空想象出它的实际面积，也就无法与实实在在的教室面积进行对等比较，得出它们之间大致的倍数关系。

估测不是无原则、无条件、无标准的猜测。导致上述片段中学生胡猜的原因是学生对图上面积与实际面积无法"相提并论",解决的方法是统一呈现标准,例如把教室也采用平面图形式,并与篮球场的平面图采用相同的比例尺,这样,学生估测时,两个对象才有可比性,估测的结果才会趋向合理,从而避免随心所欲、"中彩"式的猜测。

二是让"估测"名副其实。针对片段 2 中出现的问题,教师可以让学生使用没有刻度的尺子画一画或者改成用纸剪一剪 1 平方厘米的正方形,这一相对"苛刻"的条件,迫使学生从可以选择实测变成只能选择估测,从而避免估测有效成分的无端"蒸发"和无情"流失"。

三是让"估测"不断进步。在片段 3 中,教师注重了生成材料与标准材料之间的比较,有助于学生调整已有的估测结果,但这仅仅是调整的第一步,接下来教师应该在学生的"感叹"中趁热打铁,让学生再次"剪一剪""比一比",看一看经过自我调整后的"作品"是否更接近 1 平方分米,如果差距比较大,就反复调整几次。估测就应该在这样反复的调整中使表象不断清晰、不断准确、不断稳定。

四是让"估测"先行一步。估测能力的培养不应该大张旗鼓地大肆渲染,而应该坚持守候在每一个教学关节,灵活穿插在每一个教学环节,默默渗透在每一个教学细节。测量教学必须遵循"先估计(估测)—后测量(实测)—再评价是否准确(评测)"的顺序,让学生能在想象与现实的不断磨合中积累经验,加深印象。

由此,在片段 4 的教学中,教师就可以巧妙地把估测训练"溶解"其中,赋予这一环节另外的教学价值。例如,教师可用电脑补充展示由 6 个 1 平方厘米正方形拼成的图形例如 ⬚⬚⬚,对其进行技术处理,隐去拼合线变成 ⬚,教师让学生根据前面积累的经验先估测它的面积,然后再显示拼合线评测学生的"眼力"。

在片段 4 的教学中,教师不妨先让学生估测照片的面积是否接近 1 平方分米,甚至可以让学生进一步说一说是"比 1 平方分米大一些"还是"比 1 平方分米小一些",然后再演示割补法来证实学生的"眼光"。

估测能力的培养,作为新课程数学教学的目标之一,却往往被教师在思想上"看空"，在操作中"架空"，这很大程度上是因"虚"所致。然而，正是它的"虚"，给了学生想象的空间、挑战的机会；正是它的"虚"，就更需要教师高度重视，深入研究，有效落实估测能力的培养。

首先，教师应正确认识到估测能力的培养不应只是一种应急备案，而应成为一种长效机制；其次，教师应积极创造机会进行估测能力训练，例如让估测的迹象更清晰一点，让估测的水平更准确一点，让估测的力度更强劲一点，让估测的技术更巧妙一点，如此，估测教学才会"空虚"不再，"风光"无限。

22 你会把知识教得"有根有据"吗？

"望"：病例观察

这是一节"公顷的认识"课的教学片段——

师（出示一组图片和文字）：从这些图中，我们读到什么相同的数学名词？（板书：公顷）这里公顷表示什么？（板书：面积单位）今天这节课，我们就来认识公顷。（板书课题）

世界文化遗产——南京明孝陵占地面积大约是170公顷。

北京中华世纪坛占地面积大约是4.5公顷。

美丽的台湾日月潭面积大约是827公顷。

2004年，我国森林面积达到1.75亿公顷。

师：请同学们打开课本，读一读，算一算，填一填。

师：通过阅读，你了解了什么？

明确：测量和计算土地的面积，通常用公顷做单位；边长100米的正方形土地，面积是1公顷。

师：通过计算，你又知道了什么？

明确：1公顷＝10000平方米。

师：通过阅读，我们知道，大约28名同学手拉手围成的一个正方形面积大约是100平方米。多少个这样的正方形面积大约是1公顷？

师：我们教室的长大约9米，宽大约6米，想一想，1公顷的大小大约相当于多少个教室？

师：看一看我们学校的卫星平面图，这里是操场。多少个操场的面积大约是 1 公顷？

……

✒ "切"：病理诊治

"公顷"是一个比较大的面积单位，学生不仅"摸不着"，有时还"看不见"（在学校中难以找到这么大的开阔场地），由此这样的课常常上得比较"虚弱"。针对上述课例，怎样利用以前学过的较小的面积单位帮助学生掌握公顷的意义？怎样借助学生熟悉的生活场景来帮助学生建立公顷的表象？对此，我提出以下两点教学建议。

一是"顺流而下"，帮助学生找到知识经验的"根基"。在教学中，知识的引进大致有两条路径：（1）从生活引进；（2）从旧知引进。显然，上述课例是采用了第一条路径，通过生活素材的呈现，介绍了"公顷"这一面积单位的广泛应用，从而引入新课。

然而，面对生活素材中呈现的这些"大"数据，学生是很难有感觉的，因为它们离学生的认识比较"遥远"。所以，我认为，呈现的情境应该从小数到大数、从近景到远景来逐步拉小和拉近学生与知识之间的"距离"：首先可以通过身上的指甲、身边的书本、身前的黑板，逐次复习以前学过的面积单位平方厘米、平方分米、平方米，然后可以从黑板的平方米数、教室的平方米数、学校的平方米数到乡镇的平方米数，随着面积的越来越大，现有最大面积单位"平方米"前数据随之越来越大，从而产生寻找一个更大面积单位来简化数据的心理意向。

另外，"公顷"概念的揭示，也可以让学生去发现。教师只需要复习原有面积单位的意义（板书如下），引导学生"顺流而下"，猜想更大面积存在的可能及其意义：

> 边长 1 厘米的正方形，面积是 1 平方厘米；

> 边长 1 分米的正方形，面积是 1 平方分米；

> 边长 1 米的正方形，面积是 1 平方米。

学生发现正方形边长 10 倍递增，顺此联想边长 10 米、100 米、1000 米等正方形可能对应着更大的面积单位。在此，如果教师把上述表达方式改写成"边长 1 十米、1 百米、1 千米的正方形"，学生就更容易创造出平方十米、平方百米、平方千米等面积单位的"同胞兄弟"，之后教师只需告诉学生"平方百米"还有一个名字叫"公顷"。在介绍"公顷"的符号"hm²"时，教师可以告诉学生其中"hm"表示百米（英文为 hectometer），"hm²"就是"平方百米"，还原知识的本来面目，可以让学生对学习知根知底。另外，教师还应告诉学生"公顷"通常用作土地的面积单位，其意义补充完整后为"边长 100 米的正方形土地，面积是 1 公顷"。

在课尾，教师不妨告诉学生课首的猜想"边长 10 米的正方形土地"所对应的面积单位为"公亩"（也就是"平方十米"），详细资料让学生课后查询，从而完善"相邻两个面积单位之间的进率是 100"的知识体系。同样，教师可以接着课首学生的另一个猜想"边长 1000 米的正方形土地"引向下一节课"平方千米"的教学。

二是"有感而发"，帮助学生找到知识体验的"凭据"。 在面积单位教学中，教师都想让学生最终形成较为清晰的表象。可以用人的手作为"凭据"，帮助学生准确表达面积单位的大小，例如大拇指甲的面积大约 1 平方厘米，手掌面的面积大约 1 平方分米，4 个小朋友手拉手围成的面积大约 1 平方米。

然而，学生却很难直接体验"1 公顷"的大小，大多也只能在课前或课后去走一走边长为 100 米的正方形场地。于是，像上述课例那样，教师大多采用由小面积推算大面积的办法，例如把 1 个操场的面积（100 米×50 米）、28 个小朋友手拉手围成的正方形面积（10 米×10 米，28 个小朋友手拉手围成的正方形面积可作为"1 公亩"的表象）、1 个教室的面积（9 米×6 米）等作为"凭据"，让学生推想 1 公顷有多大，间接感知 1 公顷的大小。面对这些间接"凭据"，我认为，学生对选定的参照物的熟悉程度越高，且表示的数据越小，学生对 1 公顷的大小就越有感觉。由此看来，"2 个操场的面积大约是 1 公顷"要比"185 个教室的面积大约是 1 公顷"更有助于学生感知 1 公顷的大小。

在百科知识中，用"大约与一个标准足球场近似"来帮助人们建立 1 公顷的表象。鉴此，在巩固练习阶段，对教材"练一练"第一题——"一个足球场，长 110 米，宽 75 米。它的面积是多少平方米？这个足球场的面积有 1 公顷吗？"，我们可以进行如下设计：陈述题面后，直接出示练习题的最后一问——"这个足球场的面积有 1 公顷吗？"，引导学生根据"110 米接近 100 米，75 米接近 100 米"估算出"足球场的面积大约有 1 公顷"，然后再求"它的面积是多少平方米？"，计算出精确结果。

23 教学的大气还需要不拘"小节"吗？

"望"：病例观察

这是一节"年、月、日"课的教学片段——

[片段1]

教师播放《祝你生日快乐》歌曲。

师：同学们，你知道自己的生日吗？

学生回答。

师：对这一知识，你们还了解了什么？

学生的回答仍以生日为议题，教师只好板书"年、月、日"，学生至此才知教师的"别有用心"。

......

[片段2]

师：你们想知道有什么办法可以记住大月和小月吗？

生：想。

教师用电脑演示利用拳头帮助记忆大月和小月的方法。学生随着电脑的动态过程用右手在左拳上比画十二个月份。

......

[片段3]

师：你们想知道还有其他方法来帮助我们记忆大月和小月吗？

生：想。

教师出示一首顺口溜：一、三、五、七、八、十、腊，三十一天永不差，四、六、九、冬三十天，......

学生齐读后，教师逐句解释，然后让学生背诵。

......

[片段 4]

师：请同学们仔细观察，下面月份的排列有什么规律？你会继续填下去吗？出示：1 月，3 月，5 月，7 月，8 月，（　　），（　　）。

学生很快发现这些月份都是大月，填出"10 月"和"12 月"。

……

[片段 5]

师：同学们，你们知道国际儿童节、国际劳动节和我国的国庆节分别是几月几日吗？

学生回答。

师：你们还知道哪些有纪念意义的日子？

学生纷纷举例。

……

"切"：病理诊治

如果我们把数学教学流程看作一条"线"，那么教学过程中每一个活动就可以看作一个"点"。数学教学就是由这样许多个"点"聚变而成，也就是说教学过程中每一个活动"点"的质量影响着教学的整体效果。教师唯有在"点"上下功夫，才能使数学教学更有"优点"或更具"亮点"。

一是抓准引入点，使教学思路更流畅。数学教学中，知识的引入时机不同，得到的教学效果也不同。引入点的选择过早可能会使教学显得过于急促、突兀，过晚又可能会使教学显得过于拖拉、啰唆。

片段 1 中引入点在"生日"的情境中"飞流直下"，只会使学生囿于生日情境而谈生日知识。此中，教师应该借机从学生回答的各个生日中及时抽取出"年、月、日"的专用术语（板书课题），使学生明确研究对象并非生日知识，而是"寄托"于生日情境中的年月日知识。这样，"名正"（学生能明确锁定研究目标）才能"言顺"——让学生说说"对年、月、日还了解了什么"，从而反映学生已有的认知状况。

二是创造发展点，使教学层次更进步。数学教学中，一些知识点可以经过适当的"改造"（例如运用"加法"，增加一些思考问题；运用"减法"，减少一些平铺直叙），成为进一步发展学生思维的创造点，使学生学习该知识时不再机械、平淡。这需要教师具备对教材进行二度开发的能力，使教学设计较原来更为灵活。

片段2中教师利用拳头记忆大月和小月的方法不妨只演示一半，即示范一月至六月的记忆方法，然后以此为发展点，让学生自己去创造七月至十二月的记忆方法，学生可能会利用双拳来演示，也可能会只利用一个拳头从起点重复演示（与教材所示方法类似）或从终点返回演示。这样，把原有教材内容适当进行"挖空"处理，让学生几经"周折"，学生既可以加深印象，又可以学会创造。

三是结合联系点，使教学活动更有效。数学教学中，每一个教学内容一般通过活动的形式表现出来。由于每一次活动的目的与要求、内容与形式不尽相同，就可能造成活动板块之间的割裂。教师一般通过设计过渡语言或采用前后呼应等手法来弥补这种"裂痕"，使各个教学环节融会贯通、浑然一体。

片段3中教师补充了利用顺口溜帮助记忆大月、小月的方法，既可以让学生巩固知识，又可以扩大学生的知识面。然而，教师不应"孤立"地处理顺口溜，为补充而补充，教师应该积极促成顺口溜与其他教学资源"联姻"，共同为数学教学服务。例如教师不必完全解释顺口溜的词义，可以指导学生一方面把顺口溜与板书结合，让学生在比较中领悟含义，特别是理解"腊""冬"代表的月份，此间学生还可能会发现顺口溜中遗漏了二月，从而产生疑问；另一方面把顺口溜与拳头记忆法结合，让学生读背顺口溜的同时在拳头上"指点"月份，这样图文结合、数形结合，促使学生整体理解和全面掌握知识。

四是突出注意点，使教学问题更暴露。数学教学中，教师都会特别"关照"一些关键性知识、易混淆知识和易疏忽知识，常会采用加重语气，改变字样，运用比较或反复训练等方法来让学生特别"关注"这些注意点，以防患于未然。其实，突出注意点也可以采用先让学生"吃一堑"来加深学生体验，然后"长一智"而自觉引起注意的方法，成熟于已然。

片段4中教师补充的练习，学生一目了然地看出规律，只需"照搬"已有结论，顺利填出答案，不会太注意"7月""8月"这个特殊点。对此，教师可以改变习题的呈现方式，不妨将"8月"也设置成需要填写的部分，这样学生就可能走入"歧途"，运用"单数月份"的规律填写，产生最后括号内填"13月"的笑话，从而自动调整，改用"大月"的规律填写，学生就会自觉关注"7月"和"8月"的"亲密"关系，引发"为什么不按单（双）数的规律有序设计大月"等疑问。这样，学生在"失足陷阱"的挫折中，使知识的"特"点更加暴露和突出，学生也由"不经意"变得"经意"，由"不敏感"变得"敏感"。

五是扣住落脚点，使教学主题更明确。数学教学中，教师为了能激发学生兴趣，强化学生认识，往往会设计一些多样化的练习。然而，有时丰富多彩的教学材料会"迷乱"师生的眼睛，例如使教学"漂浮"于教学材料的一些浅层活动或"牵扯"于教学材料的一些旁枝末叶。

片段5中教师引导的问题使学生热衷于列举具有纪念意义的日子，似乎以数量论"英雄"。殊不知，何时是什么节日，这只是社会常识课的任务，游离于本课教学重难点"认识年、月、日知识中的大月和小月"的外围。所以这一活动的落脚点应该归根于这节数学课的"主攻"目标，教师可以在每一个节日后补问"这个节日所在的月份是大月还是小月？"，或者添加附加条件"请举出所在月份是大（小）月的具有纪念意义的日子"。这样，就可以使教学活动"叶落归根"，深入触及本课教学的内核。

总之，数学教学中的"点化"，虽然涉及的范围或许就那么小小的一"点"，进行的举动或许也就那么小小的一"点"，然而由此获取的"盈利"却可能是丰厚的。教师应该留心教学中的每一"点滴"，多一些"点子"，独具匠心地进行教学设计，使数学教学获得"画龙点睛"的效果。

其实，因为学生对年月日知识在生活中早已有耳闻，并经常使用，所以我们不妨采用任务驱动式教学这节课，设计一个具有趣味性、实用性和挑战性的活动任务——"制作新年年历"，有效转化教学生产力，从而驱动学生自主学习。下面借用元代范德玑在《诗格》中所说的作诗有四法——"起要平直，承要春容，转要变化，合要渊水"来设计这节课的"起、承、转、合"。

[片段一]"起"：歌曲蕴伏，唤醒生活经验

师：我们先来听一首歌《365个祝福》。

教师播放《365个祝福》歌曲片段，学生情不自禁地随着曲调对着歌词轻声唱起来。

"起要平直",放之一节课中,也就是课首导入要"平直",选择学生平常熟悉的生活经验直接引入教学,在最短的时间内激起学生的学习情感和学习意向。

"年、月、日"知识对学生而言已有相当的生活经验,因为学生时时处处生活在"年、月、日"中。只是学生的这种生活经验是零碎的,所以这一内容的教学也就只需激活、提取与整理学生的生活经验,并基于这一素材引导学生进行观察、比较,从中发掘一些数学知识并发现一些数学规律。课首,教师巧妙地播放《365个祝福》这首流行歌曲,一方面活跃了课堂教学气氛,另一方面唤醒了学生已有生活经验,同时也蕴伏了将要探究的一些知识,例如歌词"一年有365个日出"就很好地勾起学生的生活联想和思维联动,让学生在悦耳的歌声中既领略了歌曲的韵律又领教了知识的韵味。

[片段二]"承":情境引导,走近知识入口

师:(板书"今天"两字)看到"今天"两字,你想说什么?

生:今天是什么日子?

师:对呀,今天是哪一年的几月几日?星期几?

生:今天是2010年3月16日,星期二。

师:如果老师问你,今年的最后一天是几月几日,星期几?你有没有办法知道?

生:今年最后一天是12月31日,星期五。我是从老师发的2010年的年历中查到的。

师:那么,明年的今天是星期几呢?我们身边还没有2011年的年历可以查询,你们想自己制作一张2011年的年历吗?

生:好啊。

"承要春容",放之一节课中,也就是要能激发学生浓厚的学习兴趣和强烈的学习欲望,其中,让学生产生问题与好奇是引导学生从生活走向书本的一条学习通道。

本课教学由"今天"这一离学生时间观念最近的话题谈起,作为知识的引子由"近"拉"远",从"今天"到"年末"进而承接到"明年的今天",询问学生这些日子分别是"星期几",学生由身临其境的脱口回答到借助年历查找回答再到没有年历查找回答,时间的逐渐远离与条件的逐渐苛刻使问题愈发成为"问题",促使学生对教师提出的"制作一张2011年的年历"的倡

议表示由衷欢迎和热烈响应，于是，接下来的学习就成为学生为解决问题的自觉需要。

[片段三]"转"：任务驱动，探寻准备材料

（一）统计

师：那么，制作新一年的年历，根据经验，我们需要知道些什么？

学生依次回答出：需要知道一年有几个月，每个月有多少天，2011年第一天是星期几。

师：这三个问题，谁能回答？

生1：我知道，每年都有12个月。

生2：从今年的年历上可以找到2010年的最后一天是星期五，那么2011年的第一天1月1日就是星期六。

生3：从2010年的年历上看，每月的天数在30天左右，具体是这样的——

	1月	2月	3月	4月	5月	6月	7月	8月	9月	10月	11月	12月
2010年	31	28	31	30	31	30	31	31	30	31	30	31

师：是不是每年都是这样的呢？请各小组拿出装在信封中的2006—2009年的年历看一看，比一比。

学生汇报交流：

	1月	2月	3月	4月	5月	6月	7月	8月	9月	10月	11月	12月
2006年	31	28	31	30	31	30	31	31	30	31	30	31
2007年	31	28	31	30	31	30	31	31	30	31	30	31
2008年	31	29	31	30	31	30	31	31	30	31	30	31
2009年	31	28	31	30	31	30	31	31	30	31	30	31
2010年	31	28	31	30	31	30	31	31	30	31	30	31

（二）分类

师：观察这张统计表，你发现了什么？

生：一年中，1月、3月、5月、7月、8月、10月、12月的天数都是31天，4月、6月、9月、11月的天数都是30天。2月比较特殊，有的年份是28天，有的年份是29天。

师：如果把这些月份进行分类，你准备怎样来分类？（根据学生回答揭示"大月"和"小月"）

"转要变化"，放之一节课中，也就是要为学生提供有结构、有变化的研究材料，让学生能够知其"变"，并能找到其"不变"，在"变"与"不变"的深入研究中才能让学生最大限度地进行对学习材料的观察、比较以及归纳、归类等一系列思维活动。

本课中，学生要完成"制作2011年的年历"这一挑战性的活动任务，就会对完成这一任务的诸多要素进行自动搜索，而这些要素恰恰就是教学的知识内容。其中，对学生已经知道的，例如"一年有几个月"和"2011年第一天是星期几"，教师只需整理，对学生认识不够的，例如"每个月有多少天"，教师才需要"变"出足够的研究材料帮助学生由点及面地"化"开知识的变化规律和变化规则，从而让学生认识得更全面、更深入。

[片段四]"合"：实践操作，加深方法记忆

（一）制作

师：现在我们解决了"一年有几个月"、"每个月有多少天"和"2011年第一天是星期几"这些问题，下面就可以自己制作一张2011年的年历了。首先请同学们完成八月份的日历。

学生完成2011年1月份的日历（如右下图）。

师：为什么填了31天？

生：因为1月是大月。

师：从中你能推想出2011年的2月1日是星期几？

日	一	二	三	四	五	六
2	3	4	5	6	7	8
9	10	11	12	13	14	15
16	17	18	19	20	21	22
23	24	25	26	27	28	29
30	31					

生：星期二。

师：现在告诉你2011年的2月份有28天，请你接下去制作2011年1—6月的日历。

（二）记忆

师：要清楚一个月有多少天，我们只要知道这个月是大月还是小月。那么，一年中大月和小月的分布有没有规律？为了能更清楚地研究，请同学们给大月的月份涂上红色，给小月的月份涂上绿色。观察一下，你有什么新的发现？

生1：我发现一年中大月的个数比小月多。

生2：我发现，7月和8月两个大月是连在一起的，不像其他大月一个隔一个……

师（接言）：按照你的发现，如果要把12个月分成两部分，你认为怎样划分比较合适？为什么？

生2：我认为分在7月和8月之间，7月之前的大月是单数月份，8月之后的大月是双数月份。（教师顺势出示顺口溜：要找大月请记住，七八两月换着数；七月以前找单数，八月以后找双数。）

生3：还可以用拳头来记忆。

师：哦？

生3：我在一年级的语文书中学过。（教师让学生介绍拳头记忆法。）

师：这些方法都可以帮助我们记忆大月和小月。这样，我们就可以更方便地把2011年的年历制作下去。

师：现在我们有了2011年的年历，你能从中找到明年的今天是星期几了吗？

生：是星期三。

（三）计算

师：同学们，你们是否知道一年有多少天呢？

生：365天。

师：你是怎么知道的？

生1：我从刚才那首《365个祝福》的歌词中知道的。

生2：我从《365夜故事》中知道的。

师：一年是不是365天呢？我们可以算一算。请你把2010年的天数算一算，想一想，怎样算比较方便？（交流：方法一，把每月的天数依次相加；方法二，$31 \times 7 + 30 \times 4 + 28$；方法三，$30 \times 12 + 7 - 2$。）

师：从刚才的统计表中我们可以看出，大多数年份有365天，而有些年份却是——

生：366天。

"合要渊水"，放之一节课中，也就是要为学生巩固知识、运用知识和记忆知识创造"水到渠成"的机会和条件。

本课中，学生制作 2011 年年历的过程就是不断运用知识的过程。在这一制作任务过程中，学生因活动而体验学习的快乐，又因实用而体会学习的价值。同时，教师又把制作活动分成两个时段，"1—6 月日历的制作"重在知识的即时巩固，而把"7—12 月日历的制作"放在指导学生快速记忆大月和小月之后，旨在让学生能够体会方法记忆所带来的好处。

[片段五]"品"：拓展延伸，丰富学习滋味

1. 请你说一说。

一年中有一些特殊的日子和一些有意义的日子，例如你的生日、新中国的生日、中国共产党的生日。请你很快地说出它们所在的月份是大月还是小月。

2. 请你想一想。

(1) 对大月中的"大"字，你能想到什么？

(2) 我们常说"上半年"和"下半年"。对这个"半"字，你是怎么理解的？

3. 请你读一读。

《今日诗》：今日复今日，今日何其少！今日又不为，此事何时了？……

学习并不仅仅是"增知识"，还在于能够"长见识"，从其他领域中汲取营养，例如本课中的"生日"练习，由学生自己的生日到新中国和中国共产党的生日，学生的情感也会随之升华，又如课尾让学生读一读《今日诗》，一是与本课开头的"今天"相呼应，二是让学生对"今天"除了得到知识上的认识之外还能得到思想上的启迪。

24 "子弹"与"射线",风马牛不相及?

一位教师教学"射线、直线的认识"时，用课件演示：黑夜里，手电筒的开关打开，对着墙面。复习以前学过的线段，强调线段有限长。

教师接着演示课件：将手电筒的光线射向远方。学生描述光线特点，如直直的、没有尽头等。教师揭示：手电筒的光源——灯泡，我们可以把它看作一个端点，它射出的光线向外无限延伸，像这样的光线就可以看作射线。然后教学射线的画法和特征，强调射线无限长。

教师随之出示教材夜景灯光图，然后让学生列举现实生活中射线的例子，有一名学生举例："子弹射出的线是射线。"

教师颇感意外，想了一会这样评判："子弹最终是要掉下来的。所以它不是射线。"

……

教师接着演示课件：把两个手电筒尾部相连，同时打开，得到一条直线（如下图）。当教师讲到直线没有端点时，一名学生嘀咕："明明有一点，怎么说没有呢？"

最后，教师总结线段、射线、直线之间的联系：直线里可以取出线段和射线，因此线段和射线可以看成直线的一部分。

……

教学进入练习环节。在判断题中有一题是："小明画了一条10厘米长的射线。"学生都能正确判断："因为射线无限长。"在操作题中有一题是："过一点可以画多少条直线？过两点可以画多少条直线？"在汇报"过两点可以画多少条直线"时，有一名学生说："可以画许多条直线。"在哄堂大笑中，教师重新换人得到了正确答案。

......

👆 "问"：病历记录

课后，我找来那名举例"子弹射出的线是射线"的学生进行回访："你对老师的答复满意吗？"

学生如此解释："子弹最终会掉下来，我想灯光最终也会暗下来。"以此表示对老师答复的不满意。

接着，我又找来那名认为"过两点可以画许多条直线"的学生进行核实："你怎么想到可以画许多条的？"

这名学生捏着衣角说："我想，铅笔削得越细，直线就可以画得越多。"原来作业纸上教师给的两个点画得比较大。

最后，我又找来一些学生，给他们出了这样一道题目："射线与直线，谁长？"

结果只有2人答对，其余大多数认为直线比射线长，理由是"射线是直线的一部分"，还有一些学生认为直线和射线一样长，理由是"直线和射线都无限长"。

我转而问上课老师一个问题："你觉得你课中说的'射线可以看成直线的一部分'，对吗？"

上课教师沉思了一会儿："现在想想，我也感觉好像不对。但教学资料、别的老师都这么说，我也就这么说了。"

"哪里不对呢？"我追问。

"是啊，这也把我问糊涂了。射线和直线都是不可度量的，怎么还有'射线是直线的一部分'这种说法呢？！"上课教师感到困惑，顿了一会儿，补充道，"不过，语句中用了'可以看成'，是不是说这不是真的，只是假设吧？"

......

"切"：病理诊治

点、直线是原始概念，无法严格定义。在《几何原本》中，只有直线的定义，没有线段的定义。小学对线段、射线、直线都是凭借直观认识，即使到了初中还有许多这样直观的"定义"，如江苏科学技术出版社出版的七年级数学教科书中，线段的概念是这样出现的：两点之间的所有连线中，线段最短，然后用画图的方式指出图中的什么线是直线。

在具体教学中，既可以从线段出发，延长一端成射线，延长两端成直线，也可以从直线出发，截取一端成射线，截取两端成线段。虽然可以由"此"及"彼"，但它们都是抽象的结果，彼此之间并没有什么"血缘"关系，不存在上述由线段得到的射线、直线，还是由直线得到的射线、线段等"推理"问题。

在美国的《发现几何》和俄罗斯的《直观几何》中是先定义直线，再用直线定义线段的。而在许多小学教材（包括苏教版教材）中，先教学线段，再由线段引出射线和直线，那是考虑到线段能够在生活中找到原型，其有限性学生也容易理解。

上述课例中，一名学生举例"子弹射出的线是射线"，教师的回应是"子弹最终是要掉下来的。所以它不是射线"，这样的反对理由并不能让人信服，从课后那名学生的不满可以看出。因为数学中研究的射线和直线在现实生活中是不存在的，"只能存在于人们的想象之中"，我们只能把某些线近似地看作射线，如太阳光线、射灯的光线、x 光射线甚至上述课例中的手电筒的光线等。实际上，生活中的这些"射线"都有尽头，手电筒的光线更不用说，严格地说，它们都是线段。数学源于生活但又高于生活，数学不完全等同于生活，数学中所说的"射线"与生活中 x 光射线所说的"射线"并非一回事情，数学中所说的"直线"与生活中所说的"直线"也并非一回事情（生活中所说的"直线"常常说的是"直的线"，也就是数学中的线段）。所以用"子弹最终是要掉下来"的解释来推翻学生的举例，缺乏充足的说服力，可以被学生"灯光最终也会暗下来"的类比轻而易举地推翻。

在上述课例的练习中，学生出现了"过两点可以画许多条直线"的知识错误，根本原因就在于"数学不完全等同于生活"。数学中，点是没有大小的，线是没有粗细的，而生活中，点常常画得有大小，线常常画得有粗细。许多教师不明就里，为了让学生注意，在黑板、投影或作业纸上人为地把点画得很大，把线画得很粗，结果让学生误以为点有那么大、线有那么粗，于是就产生了"铅笔削得越细，直线就可以画得越多"这种想法。由此提醒我们教师，一是要选取更接近数学的生活原型，例如选用红外线射出的光线要比手电筒射出的光线更好——点更小，线更细；二是如果呈现了手电筒以及情境图中射灯那么粗的光线，教师应该及时细化，抽象出一条线。

对"点的无限小"和"线的无限细"，从上述课例中学生的哄堂大笑和教师重新换人回答的行为表现可以看出，教师和学生普遍存在理解困难，对此，我们可以通过以下方式来体会"点的无限小"：在三角形 ABC 中（如下图），线段 BC 比线段 DE 长，按照一般思维，如果点有固定大小，那么线段 BC 上的点要比线段 DE 上的点多。然而，从 A 点向 BC 边上的任意一点连线，DE 边上都有一点与之对应，例如 G 点与 F 点对应，I 点与 H 点对应。理解了"点的无限小"，"线的无限细"也就迎刃而解了。

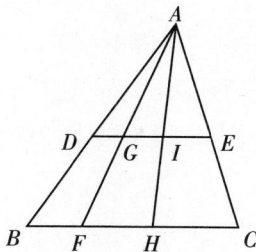

如果说对"点的无限小"和"线的无限细"，在小学教学中只需点到为止，那么对"线的无限长"，本节课却绕不开。从课后多数学生回答"直线比射线长"的错误中可以看出，学生对"无限长"的理解还是模糊的，并没有真正理解"无限"的含义。当然，我们也不能排除学生受前一个教学环节的影响，教师在沟通线段、射线、直线之间联系的时候，采用了在直线里截取射线的做法，由此得到"射线是直线的一部分"的结论，这样的做法和说法很容易让学生误以为射线比直线短。另外，直线可以向两端延长，而射线只能向一端延长，也可能给学生造成错觉。

学生的认识困难也常常源自教师的认识困惑——"射线和直线都是不可度量的，怎么还有'射线是直线的一部分'这种说法"，虽然许多教师在沿用别人的说法，但其实他们心里是打了问号的。实际上，分析无限量之间的关系，要摆脱有限量的比较——"部分小于整体"的观点束缚，运用有关理论来分析无限量：从集合的角度看，直线和射线可以看作两个不同的点集，射线集合中的元素都包含于直线集合之中，所以射线集合是直线集合的真子集。因此，"射线是直线的一部分"是正确的，并非像上述上课教师所认为的只不过是"可以看成"。这如同可以说"自然数可以分为奇数和偶数"，但不能说"自然数比偶数多"。因为偶数、自然数的个数都是无限的。如果给出一个自然数 n，总会有一个偶数 $2n$ 与它对应（如上面右图），即自然数和偶数是一一对应的关系，所以它们应该是一样多。另外，上述三角形 ABC 中，虽然线段 BC 比线段 DE 长，但线段 DE 上的点与线段 BC 上的点一样多，也可以间接说明这种有限与无限的问题。

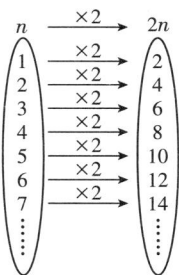

那么，在本课教学中，教师怎样可以更好地让学生体会射线和直线的无限长呢？一般教师的做法是让学生想象，为了渲染效果，让学生闭上眼睛听教师诗一般的引导语："这条直直的线，继续延伸，穿过了美丽的校园，继续直直地延伸，穿过了美丽的××市，继续延伸，穿过了广袤的原野，继续延伸，穿过了波涛汹涌的大海，继续延伸……"教师的语气由强慢慢变弱，由急慢慢变缓，引导学生感受"无限"。对小学生来说，还无法从较为理性的方面去认识无限，只能通过这种感性的知觉去体会。

其实，这种"看不见"的想象是可以外化和显化的，在本质上，射线和直线可以看成点的无限延伸。首先，我们从线段开始让学生感受到线是点的集合：先出示两个点（如下图），用多媒体演示连点成线的动态过程，并指出为了说明线段的"有头有尾"，在数学上一般要标出端点。以此换一个角度让学生重新认识已经学过的线段。

此时学生也就明白，正因为线段"有头有尾"，所以有限长，才能测量长度。之后，教师用多媒体把一个端点继续延伸形成不同长度的线段，让学生体会端点的符号意义。

有了前面的基础，我们就可以对线段重新开始、从头开始做全程的动态演示：由一点开始，向一个方向延伸，到一点结束，这样的"有始有终"就形成了一条线段。然后顺着这个思路，射线就是这样的点的运动：由一点出发，向一个方向无限延伸，永远不停止，没有终点，这样的"有始无终"就形成了一条射线。接着，教师就可以让学生把想象中的这条射线画下来。受限于纸面，学生会想办法表示出射线的无限，凭经验可能会出现如下表征方式：

当然也可能有学生受前面环节的启发，以不标端点来表示无限长，从而直接想到射线的一般画法。为了强化学生对射线无限长的认识，教师可以画出"长短"不同的射线，让学生辨析长短，从而认识到射线没有长短，不同"长短"的射线都表示无限长。

由光线引入体现了从生活走向数学，也就是我们所说的横向数学化，而现在由点引入则体现了纵向数学化，可以避免学生受光线粗细、发散、容易被阻挡等非本质属性因素的影响。小学教学中，两者可以互为补充。

前面说到，线段、射线、直线之间没有"血缘"关系，它们相互独立。而一旦数学教学把静态的、结果化的结论变成动态的、过程性的教学情境、任务的有机串联后，它们之间似乎就有了"血缘"关系。可以说，这里是点的运动把它们紧紧地连接了起来。

如果把射线形象地看成"射出"的点的轨迹，那么上述课例中学生所举的"子弹射出的线是射线"例子与灯光情景相比，更容易让学生"看到"点（子弹头）动成线（子弹头射出的轨迹）的动态过程。由此可见，这个例子是一种很好的生成资源，教师应能开发利用。

一旦突破射线的无限性，直线的教学就轻而易举了，没有必要再像上述课例那样依然靠"手电筒"这样的生活原型来引出直线概念，完全可以直接从相关的数学概念导出：第一种方案是把线段的两端无限延伸，第二种方案是把射线的一端无限延伸。为了让学生对线段、射线、直线三者关系有一个整体的认识，可以把这两种变化方式都列入教学环节，一个可以作为新知的引出，一个可以作为新知的巩固。至于哪一个为先，从知识上看，都能接得上，从环节上看，由刚教的射线知识顺流而下的第二种方案可能更为自然。

当然，最后还可这样演示：由一点出发，向两头无限延伸，这样的"无始无终"就形成了一条直线。

上述课例中，在从手电筒引出直线时，一名学生嘀咕："明明有一点，怎么说没有呢？"这是知识抽取不干净的缘故，也是心理学中的"沉锚效应"。在心理学中，我们的行动、决策、价值判断等常常易受第一印象或第一信息支配，就像沉入海底的锚一样把人们的思想固定在某处，这就是"沉锚效应"。确实，受前面所学的线段、射线端点的影响，学生要能够区分"点"与"端点"是有一定难度的。所以，我们应该一开始就留给学生正确的第一印象，而点动成线的直线形成方式就能够很好地做到这一点。

接下来紧连着"在直线上截取线段和射线"这一教学环节，可以由刚才的"延长"行为反向成现在的"截取"行为，让学生对线段、射线和直线三者关系的认识更全面、更深刻。此中，像课后访谈那样，学生可能会对"线段和射线是直线的一部分"这种说法产生错误理解，解决之策是，在这一个教学环节之后，教师应趁热打铁，出示"射线与直线，谁长？"这一问题让学生思辨。与单纯的"小明画了一条10厘米长的射线"判断题相比，这一问题更能够检测学生对"无限"的理解，使问题在第一时间暴露并得到澄清。

25 知识的产生可以"自然分娩"吗?

"望":病例观察

在学生认识平行线概念后,教师按照教材编排(如下图)教学"自由画平行线"和"规范画平行线"两个环节的内容——

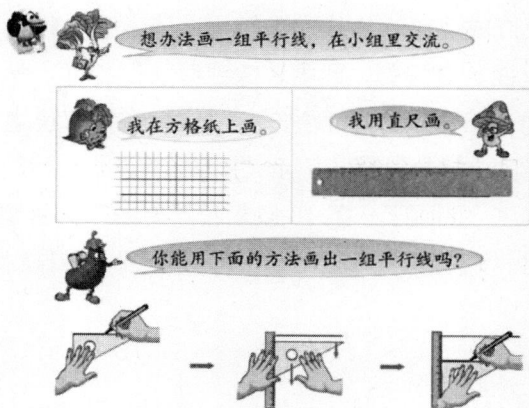

想办法画一组平行线,在小组里交流。

我在方格纸上画。

我用直尺画。

你能用下面的方法画出一组平行线吗?

师:我们已经认识了平行线,也在生活中找了平行线,那你能动手创造平行线吗?

师出示长方形纸,提问:你能想办法折出几组平行线吗?(学生操作)这些折痕除了互相平行外,还会有什么关系呢?试着动手量量每条折痕的长,说说你有什么发现?用其他不同形状的纸片,你是不是也能折出平行线呢?(学生操作)

师:刚刚我们用折的方法折出了平行线,那你能自己想办法画一组平行线吗?在组长那里,有老师给同学们提供的一些工具,你可以利用老师提供或者你自己现有的工具试着来操作一下。(学生自主探索)

学生出现的画法:利用方格纸来画;利用数学本子上的横线来画;利用直尺的两边来画;利用垫板的左右两边来画……。在展示中,教师对于学生中正确的画法给予肯定。

师：同学们的想法都不错，那你能画出一条已知直线的平行线吗？（学生尝试）想知道课本上的茄子老师是怎么画已知直线的平行线的吗？（学生自学课本）谁看清茄子老师是怎么画的？（总结：一合、二靠、三移、四画）

"切"：病理诊治

知识的产生大多具有过去式，教学某知识点时可以在学生已有的学习经验中找到它的前世与今生；知识的产生大多具有过程性，学生对知识从相识到相知、从了解到理解是需要教师慢慢引导的。缺乏根基和根据的教学只能让知识成为无源之水，学生对学习就会感到莫名其妙。以此来评析上述案例的教学，教师至少应该在以下两方面着力。

一是引导学生从"刚才"的活动中找到知识的引子。注重过程教学的教材，从知识的"孕育"到"分娩"，一般会通过设计有系列、有层次的教学活动来实现。然而，限于篇幅，教材又常常会省略许多过渡或提示。于是，教师使用教材时，就可能只看到表面，把它们看成几个并列关系的活动内容。

上述案例中"平行与相交"的教材内容，在学生认识了平行现象后，编排了"自由画平行线"→"规范画平行线"的教学内容。由于两者之间缺少过渡文字，上课教师只是把它们看成了两个仅仅在时间上有先后的独立活动，功夫放在了对"自由画平行线"这一教学内容的横向拓展上，增加了许多用其他材料做（画）平行线的内容，尽力体现做法多样化。我们可以看出，这样设计的目标定位是"在操作中直观感知平行线的特征"，把它作为下一教学内容"规范画平行线"进行之前的"热身"运动，于是反馈的结果就是开了"两会"：一个"展览会"——展示学生的制作作品，一个"视察会"——判断学生的作品是否符合要求。

如果我们只是把"自由画平行线"看作"规范画平行线"的点缀，那么教师就会持一种轻描淡写甚至是可有可无的态度。其实，"自由画平行线"应该成为"规范画平行线"的知识"胎床"。教师应该对两者之间的关系进行纵向挖掘，使"自由画平行线"成为"规范画平行线"的引子，赋予"自由画平行线"活动更多的责任和意义。

对此，相应教学设计可以这样改进：在"自由画或做平行线"活动的展示过程中，教师首先可以抓住学生作品中产生的偏差：用小棒摆的平行线、自己画的平行线难以达到标准化、精确化等问题。其次可以抓住学生作品中产生的局限：沿着直尺上下两边描下的平行线存在着平行线之间宽度固定的限制，利用方格纸或点子图画出的平行线存在着位置固定的限制等问题，从而让学生产生"怎样可以任意画平行线"的愿望，由此可以自然"分娩"画平行线的普适性方法，"规范画平行线"的教学就水到渠成。

在"规范画平行线"的具体教学中，教师要紧扣刚才学生在"自由画或做平行线"中出现的各种困难和困惑，突出画任意平行线的"任意"，教师可以采用蒙太奇手法，在画平行线的规范操作中添加一些小动作和慢动作来显现该方法的优越性和普适性，例如把尺平移不同距离可以画宽度不同的平行线，把尺向下平移或向上平移体现画法自由，把尺放置任意位置可以画位置不同的平行线等，从而使学生心悦诚服地接受这种画平行线的一般方法。

二是引导学生从"以前"的教材内容中找到知识的影子。如果把教材放在更大的知识背景中考察，我们完全可以从以前的教材中找到平行知识的"亲戚"，那就是学生在三年级已经学过的平移知识。在上述案例中，"规范画平行线"的教学，教师只是把平移作为操作要领介绍给学生。也就是说，用平移知识画平行线的方法并不是学生自己觉悟的。如果我们能够在前面"自由画平行线"中让学生自己发现平行与平移知识之间的联系，那么学生就可能会自己发现用平移的方法画平行线的知识要点，这样"自由画平行线"与"规范画平行线"两个环节之间的联系将会更加紧密。

对此，相应的教学可以这样设计：在"自由画平行线"环节，当学生进行作品展示时，教师抓住方格纸上画出的平行线让学生观察，引导学生发现平行线之间的距离处处相等，在方格纸上反映出来的平行线的明显特征很容易让学生联系到直线的平移运动，教师进而引导学生反向思维，得出用平移知识画平行线的可行性思路，接下来学生要做的事情就是研究在脱离方格的情况下如何任意画平行线的一般方法。

26 "狗都懂的知识，为啥要教得这么复杂？"

一位教师执教"三角形的认识"这节课时，上得气喘吁吁，最终还拖堂。她是这样设计的——

一、生活激趣，引入新课

1. 摸三角形

教师拿出一个黑布袋，里面有长方形、正方形、三角形、圆形物体，让学生摸出三角形。

2. 找三角形

（1）教师呈现篮球架图片，并提问：你能找到三角形吗？

（2）师：在生活中，还有哪些物体的形状是三角形？课件播放宜昌长江公路大桥、高压线杆、自行车、房屋的人字梁、雪花等图片。

二、合作探究，体验感悟

活动一：感知三角形的特征。

（1）做三角形。师：你能利用手中的材料做一个三角形吗？①用小棒搭；②在钉子板上围；③沿三角尺的边描；④在方格纸上画。

（2）画三角形。师：先在头脑里想一想三角形的形状，然后在作业本上画一个三角形。

（3）揭示三角形各部分名称，讨论三角形有几条边、几个角和几个顶点。

（4）画三角形。师：在点子图上画两个三角形，画好后说说三角形的基本特征。

活动二：探究三角形的三边关系。

（1）师：几条线段可以围成一个三角形？三条线段一定可以围成三角形吗？学生将饮料吸管任意折成三段，看能否围成三角形。

（2）师：有的同学能围成三角形，有的同学却不能，这里面有什么奥秘呢？哪名同学有勇气展示自己没有围成三角形的作品？思考怎样才能使它围成三角形？学生对两根较短小棒长度的和与较长小棒相等这一情形产生争论，教师通过多媒体演示，帮助学生理解。

（3）总结：三角形任意两边之和大于第三边。

三、解决问题，发展新知（略）

"问"：病历记录

课后评课，当讨论这节课"时间去哪儿了？"这一问题时，执教老师牢骚满腹："这节课教材内容很多，开头安排了'找三角形'，引出三角形对象，中间安排了'做三角形'，引出三角形特征，最后安排了'搭三角形'，引出三角形性质。这些环节，我感觉彼此之间联系不紧密，特别是做三角形，做了那么多，只是为了概括三角形的特征，感觉很浪费时间，是不是有点多此一举啊？！等到探究三角形三边关系这一重头戏时，时间就很紧张了。在搭三角形时，学生纠缠在两边之和等于第三边上，又耽搁了许多时间。"

最后，她提出了一个深藏心里的困惑："我认为，三角形的三边关系完全可以用'两点之间直线距离最短'这一知识来解释，而这个知识连狗都懂——在前方扔一个肉包子，狗都会本能地向前直奔。学生根据这样的生活经验，很容易理解三角形三边关系中隐含的原理。我搞不懂，狗都懂的知识，为啥要教得这么复杂？"

"切"：病理诊治

"三角形的认识"这一节课的教材布局，确实如执教教师所说，有"找三角形""做三角形""搭三角形"等三段教学活动设计，但我们不必面面俱到，而应该注意详略得当，把时间用在刀刃上。

要能够挤出时间，我们首先要做的是想一想上这节课之前学生已经有了什么。关于"三角形的认识"知识，学生在低年级时已经有了初步认识，知道三角形的名字和样子，也知道三角形在生活中广泛存在，本课教材安排宜昌长江公路大桥这一情境主要是为了承上启下，通过在图片上"找三角形"，唤起学生对已有知识的回忆和注意，后续在生活中找三角形点到即可，不必像上述课例那样连连看。另外，教师之前还安排了一个"摸三角形"活动，虽然有趣，但与接之而来的"找三角形"环节目标层次相当，并且占用较多时间，不如直接开门见"三角形"来得一目了然。

教材"做三角形"这一环节，主要目的是加深学生体验，让学生发现三角形的特征，但考虑到学生在低年级时或多或少有过类似活动经验，所以在"做三角形"的形式上也不必像上述课例那样面面俱到甚至还外加画三角形的形式，因为三角形的特征也是一目了然的事情。三角形的特征，除了从图上"看"出来，还可以从字上"看"出来——"三角形"的名字就表明它有 3 个角，它的各部分名称也可以从"角"的各部分名称上得出（如下图），三角形又名"三边形"，这一名字表明它有 3 条边。由此可见，三角形特征的教学并不难。当然，课的导入亦可开门见"角"，连接角两边上的一点围成三角形，在"角"的知识基础上生长出"三角形"，这样的教法，有利于它们各部分名称的"同"化，实现学生的"同"学。

其实，"做三角形"也可以看成另一种意义上的"找三角形"，这样就不会感觉两个环节联系不紧密了。执教教师认为"做三角形"多此一举，认为它的价值不大，只是为了引出三角形的特征。要让这一环节更具价值，需要教师的战略眼光，善于挖掘与开发，能够为"三角形的三边关系"的教学铺路搭桥。例如在钉子板上围三角形和在方格纸或点子图上画三角形这一活动，教师可以引导学生思考"是不是任意的三个点都能围成三角形？"这一隐藏其中的问题，得到"在同一直线上的三个点不能围成三角形"的发现，不仅提升了该活动的思维价值，更重要的是，学生就可能会由"是不是任意的三个点都能围成三角形？"联想到问题的另一方面——"是不是任意的三条线段都能围成三角形？"，如此接下来的"搭三角形"活动就成了学生解决困惑的自觉行动。另外，像上述课例那样，当学生受小棒等实验器材精细度的限制和操作存在的误差影响，而纠结于"两边之和正好等于第三边能不能围成三角形"时，虽然教师可以通过多媒体演示帮助学生"看明白"，但我们如果利用前面获得的"在同一直线上的三个点不能围成三角形"这一活动经验来帮助学生"想明白"，或许更能让学生信服。由此可见，如果我们在"做三角形"这一环节多此一"举"，那么这一环节的安排就不会让执教教师感到多此一举。

我们最后来解决执教教师的思想之谜——"狗都懂的知识，为啥要教得这么复杂？"，从而解决教材之谜。按照目前教材的编排路线，学生从"是不是任意的三条线段都能围成三角形？"这一问题出发，首先得到"不是任意的三条线段都能围成三角形"的结论，然后又产生"怎样的三条线段能围成三角形？"这一问题，接着在探究时，学生又从反例入手（因为反例才容易让学生关注到两边之和与第三边的比较上）思考"为什么这样的三条线段围不成三角形？"，最后回到正例研究"能够围成三角形的三条线段具有怎样的关系？"，发现规律，得出结论，拥有一个非常复杂的思维逻辑。如果用"两点之间直线距离最短"这一知识来解释三角形的三边关系，那么"三下五去二"，只需要短短几分钟，学生就能轻而易举地得出结论，并清楚地明白其中的道理。那么，教材为什么不走这条捷径呢？这是因为教学不只是为了得到知识，很多情况下，知识只是载体，让学生感受、领悟和掌握其中的数学思想方法才是根本。

归纳和演绎是学生学习常用的两种思维方式。四年级学生正处于具体形象思维向抽象逻辑思维过渡的时期，我们还不能一下子用说理这样的演绎思维来要求学生。另外，说理虽然能够让学生真正理解知识的本质，但会压缩甚至丧失探究过程，此时，新课程倡导的数学活动经验的积累也就会成为空中楼阁。从更高层面看，创造性思维离不开以猜想与发现为主要形式的直觉思维和以举例与验证为主要形式的归纳思维，而这需要以增加活动和注意过程作为基础工程。以上种种，就是教材没有选择"演绎推理"而采用"合情推理"这一研究之路的思想依据和教学意图。

当然，我们也可以在新授结束后画龙点睛，让"归纳"与"演绎"齐飞，让"通情"与"达理"共色。具体做法如下：教师先出示下页上图，问学生："从 A 地到 B 地，走哪条路近？为什么？"学生都会以"两点之间直线距离最短"这一知识来解释，然后教师把图中的曲线改成折线出示下页下图（也就是教材"想想做做"第 3 题的上半部分图），此时学生又可以从刚刚学习的三角形的三边关系进行解释。如此的渐变与对照，无须教师多言，学生自然会感悟到三角形的三边关系与"两点之间直线距离最短"之间的联系，确信其为真命题。

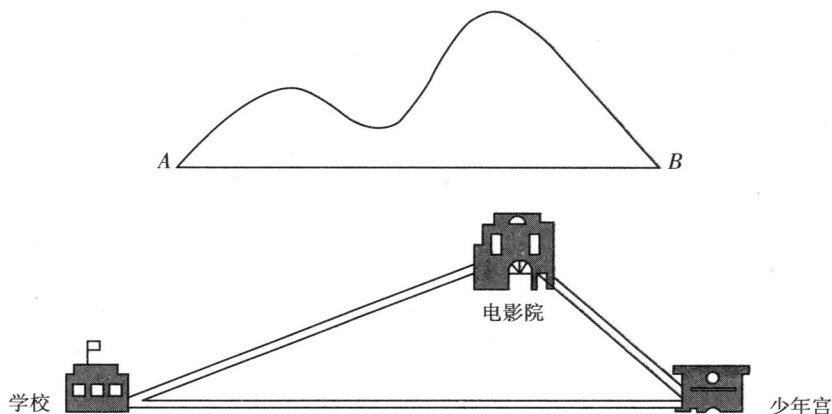

27 同类知识教学的承接可否少一些类同？

"望"：病例观察

这是一节"圆的认识"课的教学片段——

教师让学生剪下圆形纸片，折一折、看一看，揭示直径概念，量一量、比一比，探究直径特征。

接着，教师揭示半径概念，然后提问："那么半径有什么特点？你也会这样进行探索吗？"于是，学生折的折、量的量，忙得不亦乐乎……

最后，教师教学直径和半径之间的关系。

"切"：病理诊治

我们都知道，一般情况下，教学层次应该随着教学时间的逐渐推移而逐步推进。如果教学层次"原地踏步"，那么只会浪费学生的学习时间和学习精力。上述课例中所教的直径和半径内容，虽然属于同类知识，但在层次设计上也不能类同。

一是教师的教学思路不要只有一种方式。 圆的半径和直径，从知识的发生来看，我们一般是先定义半径然后定义直径，教材也大体按照这样的知识路线编排。并且，这样的编排也比较符合学生的学习现实，因为通常在学习这一教材内容之前教师都会要求学生准备好圆规，学生出于好奇和好动心理，都会尝试画圆（学生很容易从名称上想到圆规是画圆的工具）。鉴于此，课堂教学就可以从学生介绍画圆经验和展示画圆作品开始，由圆规的定点揭示出圆心，由圆规的定长揭示出圆的半径。上述课例，与此相反，教师通过折圆形纸片导入新课，首先得出的是圆的直径，然后才教学圆的半径，这是又一种教学思路，也未尝不可。

如果从知识的形成上来比较上述两种导入方式，我们不难发现：用折圆形纸导入教学，更多的是从结果——"一个成圆"上引导学生关注圆的构成要素；而用圆规画圆导入教学，不仅有助于学生理解圆的"几何说"——"平面上到定点的距离等于定长的所有点组成的图形叫作圆"，还能够渗透中学教材中圆的"轨迹说"——"平面上一动点以一定点为中心，一定长为距离运动一周的轨迹称为圆周，简称圆"，这样的导入方式更容易让学生看到圆的形成过程。在实际教学中，我们可以在圆规两脚之间系上一条线，在画圆的过程中，学生就能够很清楚地看到那条"连线"（也就是圆的半径）在旋转，于是也就很容易看到"在同一个圆里，所有的半径长度相等"这一特征，何须再量。

由此可见，在知识逻辑上，半径和直径是你中有我、我中有你的一对"双胞胎"，所以先教半径还是先教直径都不会影响大局。然而，尽管它们在知识层次上可以不分高低，但在教学层次上应该分个高低，因为教学时间有先后，当学生有了先学知识的经验，那么后来的同类知识在教学方式上就不能简单重复，否则学生的探究水平只会"原地踏步"，虽然最终能够探得结果，但思维含量不高。

要让半径和直径的教学层次不止于"原地踏步"，教学环节设计就不能类同，上述课例可以这样改进：第一层次，让学生通过"折一折、看一看、量一量、比一比"等操作活动探究出直径的特征；第二层次，教师出示半径名称，引导学生由半径的"半"字猜想出半径与直径之间的关系，由此得出半径概念；第三层次，教师引导学生由半径和直径之间的关系类比猜想半径的特征，然后让学生通过动手操作证实自己的猜想。

两相比较，原来的教学程序和层次是：（1）揭示直径概念，探究直径特征（发现式）；（2）揭示半径概念，探究半径特征（发现式）；（3）发现半径和直径之间的关系。改进后的教学程序和层次变成：（1）揭示直径概念，探究直径特征（发现式）；（2）猜想半径和直径之间的关系；（3）揭示半径概念，探究半径特征（验证式）。无疑，后一种教学思维层次更高，增加了有意义猜想的创新思维。

由此看来，教学逻辑并不完全等同于知识逻辑，因为我们不可能把知识同时教给学生，时间的先后决定了层次的高低，对此我们采取的教学策略和教学方式就应该有所区别。

二是学生的学习思维不要只有一种方向。在小学数学教学中，许多知识的探究常常采用发现法，例如上述课例中探究直径和半径特征所采用的"画一画、量一量、比一比"的动手活动，让学生在"看得见"中发现知识，通过测量一定数量直径和半径的长度来不完全归纳出"在同一个圆里，所有的直径或半径长度相等"这一结论。

其实，在小学高年级教学中，适当增加知识的类比推理和演绎推理来提升思维层次也是有可能的，让学生不仅能够"看出"知识，还能够"想出"知识。类比推理和演绎推理不仅可以使知识更严密、更可信，而且可以使学生的思维方向从"从特殊到一般"扩展到"从特殊到特殊"和"从一般到特殊"。

例如上述课例，直径教学采用的思维方式是"从特殊到一般"的不完全归纳，接着教学半径特征时，教师就可以引导学生根据半径和直径之间的关系对照刚才探究得到的直径特征，类比推理出半径的特征，此时采用的思维方式则是"从特殊到特殊"。

又如"长方体的认识"一课，从教材编排来看，探究长方体面的特征和棱的特征可以说是同类知识，学生的探究方式和层次相同，采用的是"比一比"和"量一量"的完全归纳法。其实，我们可以让学生利用前期获得的长方体面的特征来实现思维方式的转变和思维层次的递进，在接下来教学长方体棱的特征时，教师不妨采用演绎推理：由刚才发现的结论"长方体相对的面完全相同"加上以前学过的知识"长方形的对边相等"推导出"长方体相对的棱的长度相等"这一结论，此时学生的思维方式则是"从一般到特殊"。

28 "圆是不是特殊扇形",非要分出是非来吗?

"望":病例观察

一位教师教学"扇形的初步认识",为了使学生认识到"圆心角的大小决定扇形的大小",设计了这样的活动环节——

教师在黑板上画了一个圆,以两条软磁铁为半径,一条固定,转动另一条。演示后提问:你发现了什么?

生1:随着圆心角的变化,扇形的大小也发生了变化。

生2:扇形的圆心角变大,扇形的面积也变大。

教师获得预设答案,正要说下去,谁知又有学生接话——

生3:扇形是圆的一部分,它们是部分与整体的关系。

生4:圆是特殊的扇形,我感觉它们还是特殊与一般的关系。

教师听了生4的回答,有点意外:你为什么说圆是特殊的扇形?

生4:圆可以看成圆心角是360°的扇形。

教师一听,感觉有理。

......

"问":病历记录

课后,我做了一个测试:首先让学生画一个圆,除了画有直径的圆,还有许多学生的作品如下面左图;然后让学生画一个圆心角是360°的扇形,许多学生的作品如下面右图。

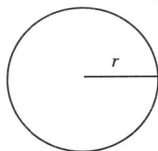

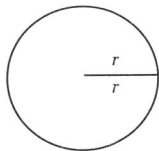

在评课时，教师在"扇形是不是圆的一部分""圆是不是特殊的扇形"这两个问题上争得面红耳赤。

师1：我认为，"扇形是圆的一部分"这一说法是对的，因为教材例题（如下图）就是从圆中截取一部分引出扇形的。

观察各圆中的涂色部分，说说它们的共同特点。

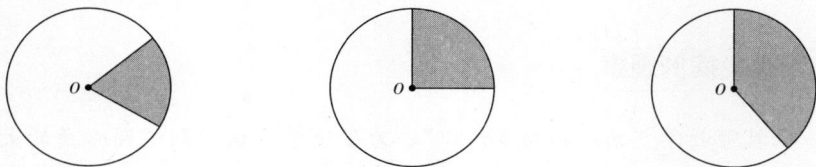

师2：我认为，"扇形是圆的一部分"这一说法不对，因为扇形是由圆周的一部分与它所对应的圆心角围成的图形，它不包括内部的涂色部分。

师1（不服）：那教材例题的要求不是写了"观察各圆中的涂色部分"吗?！

师2（解释）：这可以从教材例题下面的小卡（如下图）的提示知道，扇形只指外部的轮廓。

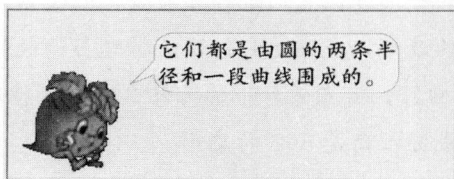

它们都是由圆的两条半径和一段曲线围成的。

师3（依然不服）：照你这么说，教材小卡下面（如下图）写的"上面各圆中的涂色部分都是扇形"这句话做何解释？

上面各圆中的涂色部分都是扇形。

右图中A、B两点之间的曲线是弧，它是圆的一部分。像图中∠1那样，顶点在圆心的角叫作圆心角。

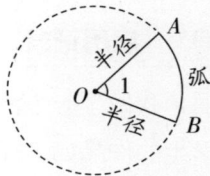

师2（语塞）：是啊，我也被弄糊涂了。"涂色部分"似乎又包括内部的面积了。

……

师4：我对"圆是特殊的扇形"这种说法也感觉不对，正如"平行四边形不是特殊的梯形"一样。

师 5（质疑）：如果它们不是包含关系，那为何扇形面积计算公式可以适用于圆面积计算公式，同样，为何梯形面积计算公式可以适用于平行四边形面积计算公式。

师 4（思考了许久）：这个……，我也说不清。

……

"切"：病理诊治

在《数学辞海（第 1 卷）》中对"圆"是这样描述的：圆（circle），平面几何中最基本、最重要的图形之一。圆的定义方式很多，常见的有以下三种：（1）平面上到定点 O 的距离等于定长 r 的全体点组成一条曲线称为以点 O 为圆心、以 r 为半径的圆周，简称圆。（2）到定点的距离等于定长的动点的轨迹称为圆，该定点称为圆心，定长称为圆的半径。（3）给定一条线段，使其绕着它的一个固定的端点在平面内旋转一周，其另一个端点所经过的封闭曲线称为圆，线段的固定端点称为圆心，线段长称为圆的半径。

根据以上圆的定义，我们不难发现，圆是一条线，而不是一个面，它是"圆周"的简称。也就是张奠宙教授在《小学教学（数学版）》2014 年第 4 期《更多地关注数学本质与细节处理——以圆的定义为例》一文中的观点："一般认为，圆是一维封闭曲线，具有周长。"

由此观察上述课例，执教教师"在黑板上画了一个圆，以两条软磁铁为半径，一条固定，转动另一条"这一做法，转到最后留下的是这样一个图形（如下页左图），它是圆心角是 360°的扇形。我们把它与圆（如下页右图）进行比对，不难发现它们"外貌"不同：扇形指的是由圆心角的两条半径和圆心角所对的弧围成的图形。扇形的概念包括：①圆心角的两条半径；②圆心角所对的弧；③由两条半径与弧围成的图形；④扇形是轴对称图形，只有一条对称轴。当扇形的圆心角是 360°时，圆心角的两条半径会重合在一起，圆心角所对的弧的长度正好等于弧所在圆的周长。而圆只是指圆周这一条曲线。

　　至此，我们不难发现，"圆心角是 360°的扇形"和"圆"并不是一回事，"圆可以看成圆心角是 360°的扇形"这一说法似乎并不正确，由此"圆是特殊的扇形"这一说法似乎也不成立。此时，我们也就可以体会到教材上只写"右图中 A、B 两点之间的曲线是弧，它是圆的一部分"而不写"扇形是圆的一部分"背后隐藏的道理。也就是说教材是把圆看作圆周的简称，当然，如果教材例题要求把"观察各圆中的涂色部分，说说它们的共同特点"改成"观察各圆中的涂色部分的形状（或轮廓），说说它们的共同特点"，可能更加明确。

　　可以说，一些学生产生误解就是因为没有吃透圆与扇形的本质含义，除此，还有一个原因是一些学生对圆存在着错误表象，课后的调查已经告诉我们，许多学生脑中的圆是如下图这个样子的——一个画有半径的圆，它貌似圆心角是 360°的扇形样子。

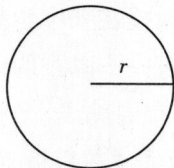

　　那么，为何一些学生会留下如此圆的形象呢？我认为，这与知识的本身和教师的教学有一定关系。在教材编排上，认识圆的一开始就与决定其大小的半径联系在了一起，由此一些学生也就认为半径是圆的一部分，再加上许多教师对圆的认识也比较模糊，于是造成学生对圆的认识发生偏差。而以前认识长方形就不会有此错觉，因为首先研究的边角，并且决定长方形大小的恰好是围成它的长和宽，认识平行四边形、三角形等平面图形时，决定它们大小的高要在教学它们面积的时候才提及，并且常常被画成虚线。因此，这些直线平面图形的形象在学生脑海里还是比较清晰的。另外，许多教师采用甩小球等动态演示引出圆，连着小球的那一条线以及这条线扫过的面给学生造成了强刺激，于是有些学生对圆留下了错误的影像。由此可见，小学教材采用沿着圆形物体一周描出圆的抽象方法，可以避免上述尴尬，一开始就让学生留下圆的正确表象。

当然，还有人是这样来反驳"圆是特殊的扇形"这一说法的：若圆心角为360°时所组成的图形，我们视它为特殊扇形，那么是否也可以将点视为特殊的线段（线段的两个端点重合），从而视三角形是任意多边形的特殊情况呢？再将点视为特殊的圆（$R=0$时），继而又视圆锥是圆台的特殊情况呢？

如果我们再次研读《数学辞海（第1卷）》中对"圆"的描述，又会发现这样一些文字："到圆心的距离不大于半径的点的全体通常称为圆盘（或闭圆盘），有时也简称圆。""总之，圆是圆周和圆盘的统称。"

这些话告诉我们，圆也可以是圆盘的简称。例如教材中所用的"圆面积"，其意应该是"圆盘面积"。此时我们也就能够理解张奠宙教授所说的"一般认为，圆是一维封闭曲线，具有周长"中的"一般"的含义了。众所周知，我国许多数学知识名称是从西方移植而来的，英文中的"circle"我们直译为圆，其含义是一维的曲线。但是英文中还有一个词"disk"，专指二维的圆形的图形，《英汉大辞典》释义为"圆盘、圆板、圆片、圆平面"。因此，在英文里，圆和圆盘是两个不同的词。但是，在汉语里，两者混同起来了。

张奠宙教授在《更多地关注数学本质与细节处理——以圆的定义为例》一文中提出这样的设想："圆盘"一词可不可以用"圆形"代替？这是由于三角形、矩形、多边形以及高等数学中的曲边梯形等词语，都是指二维的图形。"圆形草坪"一句中所出现的"圆形"一词，也是用来形容二维的草坪的。因此，借鉴矩形的面积、三角形的面积的说法，使用"圆形"的面积也许是一个不错的选择。这也是许多教师在以往教学中常有的困惑——"为何'圆'不说成'圆形'"的缘故。

《数学辞海（第1卷）》中也指出"半圆"与"半圆形"含义不同，"半圆"多指圆周一半的弧，而"半圆形"是指由半圆周和连接它的两个端点的直径所围成的图形。由此可见，如果这样区分，那么"半圆是扇形"应该说成"半圆形是扇形"，或者说成"半圆与直径的组合也是扇形"。

其实，很多情况下，长方形、平行四边形、三角形、圆以及扇形等平面图形，在人的眼里，常常一词两义——在周长和面积之间切换，正如《数学辞海（第 1 卷）》中的补充说明："在平面几何中，圆一般多指圆周。在不同的学科和不同的场合，将圆理解成圆周还是圆盘，要视具体情况而定。"在平常使用中，当它们表示面积的时候，我们习惯说"长方形面积"而不说"长方形面面积"，习惯说"圆面积"而不说"圆盘（面）面积"，习惯说"扇形面积"而不说"扇面面积"，等等。当圆指称圆面，扇形指称扇面的时候，"扇形是圆的一部分""圆是特殊的扇形"等说法似乎又不可说不对。

扇形，一般情况下指一周的轮廓。《数学辞海（第 1 卷）》中对"扇形"是这样定义的：指由一条圆弧和过这条弧的端点的两条半径所组成的图形。初始认识扇形时，我们还是应该把概念建立在"一般情况下"。由此观察教材例题（如下图），可能会发生像课后访谈中教师的质疑："'上面各圆中的涂色部分都是扇形'这句话该怎么解释？"

观察各圆中的涂色部分，说说它们的共同特点。

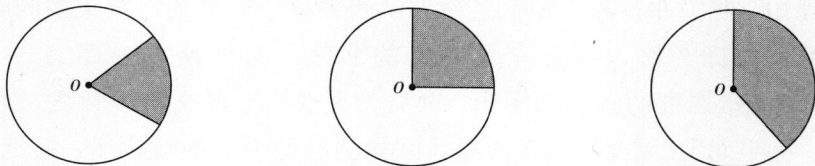

对照教材例题下面小卡的提示语（如下面左图）和教材最终呈现的扇形几何图（如下面右图），我们大致可以明白教材编写的意图："上面各圆中的涂色部分都是扇形"是知识的摆渡，为了从圆（此处的"圆"的含义应是"圆盘"或"圆形"）中截取出扇形（此处的"扇形"的含义应是"扇面"），然后让学生观察特征，最终抽取出扇形是由圆周的一部分与它所对应的圆心角围成的图形。

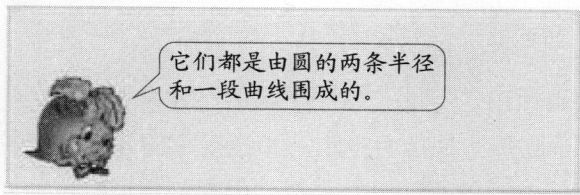

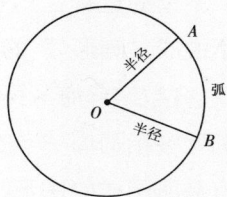

它们都是由圆的两条半径和一段曲线围成的。

維基百科这样定义扇形："扇形指圆上被两条半径和半径所截之一段弧所围成的图形。"《几何原本》这样定义扇形："由顶点在圆心的角的两边和这两边所截一段圆弧围成的图形。"由此推想，教材可能想采用截取的意味来描述扇形的定义，毕竟扇形与圆有着密切的联系，有的地方把"扇形"称为"圆扇形"。当然，如果"上面各圆中的涂色部分都是扇形"说成"上面各圆中的涂色部分的形状都是扇形"，可能更能让学生明白扇形的一般意义。

上述课例中，生 4 认为"圆是特殊的扇形"的理由是"圆可以看成圆心角是 360°的扇形"，也就是当扇形的圆心角增大到 360°时，它是一个面积等于同半径圆面积的特殊扇形，这是一种极限思想。这里观察的对象是它们的面积，因此说成"圆心角是 360°的扇形面积与同半径圆面积相等"可能更为明确。

当"圆是特殊的扇形"表示"圆面是特殊的扇面"时，对学生学习最大的好处是能把扇形面积计算公式同圆面积计算公式实现沟通与统一，减少记忆负担。同理，"平行四边形是特殊的梯形"表示"平行四边形面是特殊的梯形面"时，那么梯形面积计算公式就能够同平行四边形面积计算公式实现沟通与统一。

然而，在一般意义上，对"平行四边形是特殊的梯形"这个说法在学术界又是一番争论。根据梯形的一般意义"只有一组对边平行的四边形，叫作梯形"，毫无疑问，平行四边形不是梯形。不过，当看了持"平行四边形宜为特殊的梯形"的人所提出的以下这些"证据"，我们又不免会发出这样的感叹："平行四边形是不是特殊的梯形"真的有那么重要吗？把平行四边形归为特殊的梯形又何妨！

（1）从图形所具有的性质来看，梯形所具有的一些公式、性质，平行四边形也都具有。

（2）从图形的运动轨迹角度来看，如下页第一幅图所示，如果 A 点（或 B 点）向 B 点（或 A 点）运动或做反方向运动，当且仅当 AB＝CD 时，四边形 ABCD 为平行四边形，其余的情况都是梯形；同样，如果 C 点（或 D 点）向 D 点（或 C 点）运动或做反方向运动，当且仅当 AB＝CD 时，四边形 AB-CD 为平行四边形，其余的情况都是梯形。

（3）从知识的逻辑性角度来讲，"有一组对边平行的图形叫作梯形"定义的优点，在于它是清楚地按照逻辑分类叙述的，"只有一组对边平行的图形叫作梯形"定义则不是用的一种标准，而是同时采用了逻辑分类的两个连续阶段：首先是一组对边的性质，然后是另一组对边的性质。它不应该同时采用，而应该是顺次的。采用了第二种定义，我们便失掉了逻辑的清晰性。张奠宙教授在《小学教学（数学版）》2015 年第 6 期《正本清源 力求正确——关于数学教材中"分类"单元的评论》一文中，对四边形按边角关系的等级分类（如下图），我们可以看出他也是把平行四边形归为特殊的梯形。

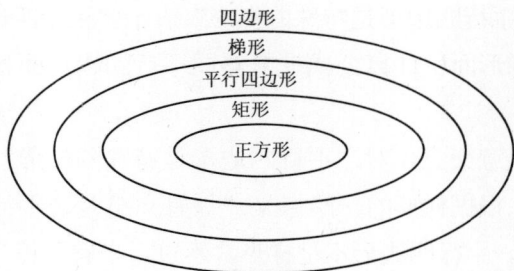

（4）从知识研究过程的角度来看，我们研究事物经常用到的方法是从特殊到一般，然后用一般的方法或结论去解决特殊的问题。对于四边形的研究，我们是从正方形（特殊的长方形）与长方形（特殊的平行四边形）开始，接着是平行四边形（特殊的四边形），然后是梯形（特殊的四边形）。也就是说，如果我们对四边形的研究采用常用方法，即从特殊到一般：正方形—长方形—平行四边形—梯形--四边形，那么，平行四边形就宜为特殊的梯形。

（5）从数学的简约性角度来看，把平行四边形归为特殊的梯形，可以使四边形的分类由目前的一分为三，即四边形包括一般的四边形、平行四边形与梯形，简化为一分为二，即四边形包括一般的四边形与梯形，这样便于学生的研究与记忆。所有梯形的性质，很自然地（也就是不必再加证明）使用在平行四边形上，例如梯形中位线的性质。

当然，反对"平行四边形宜为特殊的梯形"的人所持的论点是，如果把平行四边形作为梯形，那么它就包含了等腰梯形。但是在以后证明的很多等腰梯形的性质，都是平行四边形所没有的，例如等腰梯形的底角彼此相等，等腰梯形的对角线彼此相等，等腰梯形可有一外接圆等。如果把平行四边形认为是等腰梯形，那么在上述的所有定理之中，在"等腰梯形"一语之后，都应增加"如果它不是平行四边形"的条件。为了避免这种麻烦，某些教学法专家宁肯事先把平行四边形从梯形中去掉。对此，倡议者提出可以通过两种方法来解决：一是在所有的定理中，增加上面所说的条件；二是一劳永逸地把这条件加在等腰梯形的定义中，也就是这样来定义："两腰相等但不平行的梯形，叫作等腰梯形。"

有人说，数学有时"粗"一点好，有时不一定非要分出是非来。我们可以按照现行教材普遍采用的如下图这种便于学生理解的分类方法进行概念教学，在之后的面积教学中，再顺便指出梯形面积计算公式对于计算平行四边形面积（包括长方形面积以及正方形面积）、三角形面积都适用，在此意义上，平行四边形和三角形都可看作梯形的特殊情况。

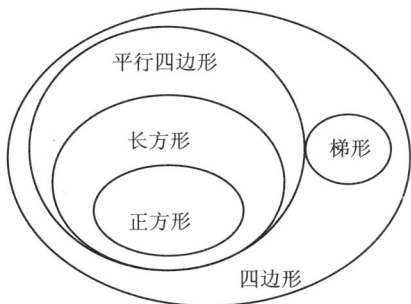

总之，数学教学非常讲究每隔一定的学习阶段就从一种较高的观点来统观全局，统揽前面所学过的互相关联的各种知识。如果我们用"联系"的观点来考察知识，我们就会发现打通知识之间的壁垒远比非要分出知识的是非来有意义得多，它能够让我们跳出知识的"界限"，从更广的知识背景下看到更远的知识风景。例如我们可以用梯形面积计算公式统一平行四边形面积和三角形面积，但我们如果换一个视角，还可以发现平行四边形和三角形的面积计算也容纳了梯形面积计算的方法，这就是中位线法——面积＝中位线长×高。此时，谁还会去纠结它们之间的关系——谁是特殊谁是一般，而只会惊叹它们之间的联系——知识真奇妙！

29 "老师的眼睛和我的不一样吗?"

"望":病例观察

下面是一位教师教学"观察物体"一课的片段实录——

师：请同学们拿出带来的长方体物体，仔细观察一下，你能看到几个面？

学生观察事先准备的牙膏外壳、药盒等各种长方体。

师：想一想，观察一个物体时，最少能看到几个面？最多能看到几个面？

生1：最少能看到1个面，最多能看到3个面。

生2：老师，我有不同意见，最多应该能看到4个面。（还有一些学生表示支持）

生3：老师，我观察到了5个面。

师（感到疑惑）：看到这么多？（想到了什么）对了，我们在观察的时候要注意，身子和头是一点儿都不能动的，站直了。你俩上来重新观察一下，看看还是不是4个面、5个面？

生2和生3按照老师的方法上台演示。

生2：我把盒子这样放（边长较短的一面放在眼前）。我看到这个盒子的正面、上面、左面和右面，一共4个面。

生3：我把骰子（教师没想到这名男生随身带着这么小的玩意儿）放在眼睛下面，我可以看到它的上面、左面、右面、前面和后面，一共5个面。

师（似有所悟）：哦——，我们看比较小的物体时，要用一只眼睛观察（教师让生2和生3遮住一只眼），现在，你看不到4个面、5个面了吧？

结果他们仍然回答说可以看到4个面、5个面。此时，教师彻底崩溃，无计可施。只能强行灌输：那你们动脑子想一想，观察这些物体时，看到了上面还能看到下面吗?!（学生肯定地回答说不能）这不是一样的道理嘛，看到了左面还能看到右面吗?!（学生无言）观察物体时，看到了上面，就不能看

151

到下面；看到了前面，就不能看到后面；看到了左面，就不能看到右面。所以，观察一个长方体物体时，最少能看到 1 个面，最多能看到 3 个面。

生 2（轻声嘀咕）：我明明看到了 4 个面，老师的眼睛和我的眼睛不一样……

"问"：病历记录

我们都知道"观察一个长方体物体，最多只能看到 3 个面"的理论，并对此深信不疑，也没想到教学中会有问题。在课中，当学生出现了"异"见——看到了 4 个面甚至 5 个面，才提醒教师也应该亲自看一看。课后，教师拿来学生那颗"惹事"的骰子观察，虽说看到 5 个面有点勉强，但用一只眼看到 4 个面却是千真万确。这是怎么回事呢？难道是理论错了吗？随后，我进行了课堂回放，围绕这一问题记录了一些"病历"。

一是观察技术不够。观察物体这一教学内容，教材中并没有提示要"从一个点"进行观察，事实上，学生在观察较小的长方体物体时，确实能够看到 4 个面。因为当物体的宽度小于两眼间距时，这时左眼、右眼两个观测点的作用就被放大，而观察较大物体时，两只眼睛所在的两个观察点对结果的影响可以忽略不计。教学中，执教教师想到了这一点，于是采用遮住一只眼的对策，让学生用"一个点"观察，然而让教师不明白的是，为什么学生还会看到 4 个面甚至 5 个面？其实，用一只眼睛观察，依然难以精确成一个观测"点"，因为人的眼珠子会左右移动，于是观察的视点仍然可以左右变动，只是扫描的范围小于两只眼睛而已。当看物体左面时，眼珠子会下意识地左移，反之右移，这样观察，就可能会同时看到一个较小物体的左右面，物体越小，这样的反映就越明显。

那么，学生的眼珠子怎么就不能不动呢？其实，这还与学生的心理反应有关。在课后与学生的访谈中，我又知道，学生在面对这一个具有挑战意义的问题"最多有几个面"时，为了"最多"，就会尽力去看"多"和"多"看，两只眼睛也就会不由自主地"用力去看"——看左面时，左眼发力；看右面时，右眼用力。学生这种看法，眼珠子必定要左右移动，其结果等同于进行了先后两次观察。

在课后与学生的访谈中，我还知道了这样一种情况，有些学生在观察物体时，并没有真看到 4 个面，但由于在准备或出示物体时，学生已了解，或者在同学和老师的对答中知晓了各个面的特点，为了逞能，在观察时无意识地"感知"到自己"已看见"，这时他们是"潜意识"中看见的，但也就糊里糊涂地成为"看到 4 个面"的支持者。

二是观察知识不够。实际上，数学中所说的观察物体不同于生活中所说的观察物体，它应该用数学的眼光来观察。这个学习内容是"投影与视图"范畴之内的，在中小学的视图，是平行光线在平面上的投影，光线是平行光线，不是像我们眼睛一样的点光源会产生扇形式的扫射过程，这样，就不会出现"长方体的厚度比两眼间的距离小，可以同时看到 4 个面的情况"，在这样的观察条件下，"一次最多只能看见长方体的 3 个面"完全正确。然而，这些高深的知识对小学生而言，是无法理解的。

人的眼光只能算是视线，而不是严格意义上的光线。当观察的物体宽度等于人的两眼距离时，可以近似地看作平行投影法（如下面左图），当观察的物体宽度大于人的两眼距离时，可以近似地看作中心投影法（如下面右图），人的两只眼睛可以合并为一个观察点，当观察的物体宽度小于人的两眼距离时，虽然也可以近似地看作中心投影法，但是人的两只眼睛却划分为两个观察点。

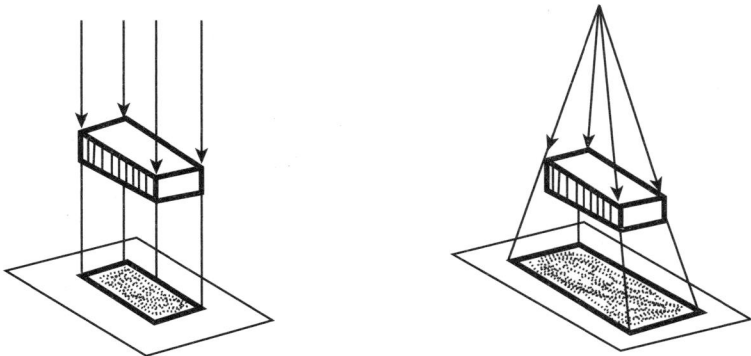

"切"：病理诊治

《义务教育数学课程标准（2011年版）》第二学段（4－6年级）"图形与几何"部分对这一知识是这样表述的："能辨认从不同方向（前面、侧面、上面）看到的物体的形状图。"从这句话可知，观察物体时，要选择合适的观察角度，也就是要确定合适的"观测点"。本节课的"观察物体"为三年级教学内容，在本册的教师教学用书中教学目标定位为：知道从一个角度观察长方体形状的物体，最多只看到3个面。随后的教材说明和教学建议中也提道，要让学生从不同的位置反复进行观察，充分体会，不论从哪个角度观察，最多只能同时看到物体的3个面。在这里，明确提出了要让学生知晓"一个长方体最多同时看到3个面"这一知识点。那么教学中如何尽量避免"眼见不一定为实"的尴尬，让学生较为科学地把握这一知识呢？我们认为，目前只能用"眼睛"下功夫，用"投影"做渗透，在教学中，可以根据实际情况采用如下对策。

一是根据学生认识水平，无"事"则不生"是非"。对于三年级的学生来说，还不必要去清晰地认识到观察物体时需要"一个点观察"和"视线平行投射"等科学性问题，教师也无须向学生诠释观察时的技术问题。研读教材，我们会发现，教材在安排"观察对象"时，选择的都是相对较大的物体，如例题所选择的图书柜，"想想做做"中的洗衣机、冰箱等。在本册的教师教学用书中也指出："被选择的长方体形状的物体不能太小，否则不利于学生观察，而且不便于总结出相关的结论。"因此教学中教师不妨这样安排。

第一步，让学生坐在自己的座位上观察图书柜，从而引出只能看到1个面、2个面，然后教师利用身高优势站在能看到3个面的地方，让学生猜猜自己能看到几个面？并邀请学生以同样的角度和同样的高度实地观察，再组织学生自由地在图书柜周围走动，观察能看到几个面？让学生初步感知到观察一个长方体，最多能看到3个面。

第二步，教师提供如下页图所示的正面确定的、摆法不同的实物，让学生自由观察，并说说看到了几个面？分别是哪几个面？从更大范围让学生知道最少看到1个面和最多看到3个面。

第三步，教师提供如下图所示的正面未确定的实物，让学生观察。

第四步，将实物延伸到如下图的长方体和正方体模型，这时可准备相对较大的长方体和正方体让学生观察，并让学生再次说说看到了几个面？

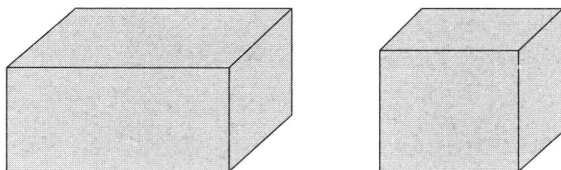

最后，教师可引导学生将问题聚焦，通过 3 次观察，你能得出一个怎样的结论？这一教学环节的设计，从选材上避开了过于"小"（物体的宽度小于两眼间距）的物体，照顾学生认知能力，减少知识生出"是非"的可能。

二是根据学生认识问题，有"事"则明辨"是非"。 然而，学生不会是我们预料中的学生，课堂也不会是我们预料中的课堂。虽然教师故意避开"小"物体的观察，但学生未必就会主动绕开，比如，上述课中的那名学生随身带着的平时经常玩的骰子，如果没有，或许有的学生也会想到。一旦课中生成这样的问题，教师就难以绕开这个坎，视而不见。那么，教师该怎么解决这一进退两难的问题呢？目前，也只能拿学生还能理解的观察技术和观察知识来说事。

第一种办法是，教师首先让学生睁一只眼闭上一只眼，睁着的眼也尽可能眯成一条缝，不转动眼珠而盯着小物体看，这样做是为了使学生的视点能够尽可能地接近"一个点观察"，使之重新符合中心投影法。

第二种办法是，当物体（例如骰子）小到小于一只眼睛的余光范围，用只睁一只眼睛也无法精确到"一个点观察"时，教师可以借助摄像机或摄像头等科技手段来代替人的眼睛"观察"小物体，例如把骰子放在镜头下，屏幕现场播放从各个角度拍摄到的观察画面（如下图），让学生观察到事物的

"真相"，确信"只能看到 3 个面"。这样利用技术手段客观上的观察，可以真正确保"一个点观察"，从而克服人主观上在观察时存在的缺陷。

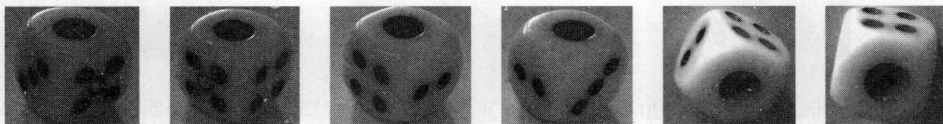

此时，学生会生发"眼见怎么不为实"的疑惑。对此，教师可以与学生做个实验：让学生闭上左眼睁着右眼看举在眼前的手指，再闭上右眼睁着左眼看手指，一睁一闭交替。学生会惊奇地发现，随着左右眼睛的闭合，手指似乎在左右移动。教师可以告诉学生其中的道理：我们平时所看到的物体形象是两只眼睛两个观察点所看到的图像的综合之后的结果，当观察的物体宽度越是大于人的两眼距离时，人的眼睛越是接近于一个观察点，反之，当观察的物体宽度越是小于人的两眼距离时，人的眼睛越是接近于两个观察点，越是不容易达到眼见为实，这也就是有学生看到 4 个面甚至 5 个面在生理上和在物理上的原因。

当然，此时教师也可以顺便补充告诉学生这样一个"课外"知识：人为什么要长两只眼睛呢？并且两只眼睛之间还有一定的间距呢？对此，我们可以让学生做这样一个实验：请你在眼睛前方竖起一根指头，然后朝它看。当两眼都睁开时，你能毫无遮挡地看到手指后面的东西，就像这根竖着的指头不存在一样。但你要是闭上一只眼，指头后面一部分区域就被遮住了。这说明，朝前直视的眼睛赋予我们一种"看穿"物体的本领。然而，双眼的这种"穿透"本领，只有在前方遮挡物的宽度小于两眼瞳孔间的距离之时才有效。你不妨试试看，当前方遮挡物的宽度大于两眼的瞳距时，物体后面的部分区域多多少少还是被它遮住了。

当然，除了用摄像头和摄像机，我们也可以用照相机拍照、实物投影仪投影等多种技术帮助学生观察物体，其中，摄像机、照相机的成像运用了绘画中的"透视"原理，实物投影仪的成像则属于几何中的"投影"知识。

上述课例让我们想到了"眼见为实"这个词，说的是道听途说不可信，自己亲眼见到的才是永远真实的。这种说法在直觉上是成立的：眼睛忠实地反映着客观世界的一切，不论是感知物体，还是感知物体的运动。这可以说是最基本的常识了。然而，很多心理学家都认为事实上我们的眼睛和视觉系统并非绝对客观的：眼见不一定为实。美国加州理工大学的教授研究发现，视觉给予的信息是受到观察者的主观因素影响的。上述课例，可以让我们深刻地感受到这一点。

另外，除了人的心理因素，人的生理因素也会造成"眼见不一定为实"的情况。因为人的眼睛的功能是有限的，会受到一定条件的限制，例如眼睛只能接受可见光，眼睛只能接受直线传播的光线，眼睛观察的时空也是有限的，眼睛有时难以做到精确分辨。其中，最后一点，也就是上述课例中发生的问题。因此，我们的眼睛常常会出现观察错误，甚至给学习带来麻烦。所以，在教学"观察物体"时，特别在涉及科学范围的事实时，教师应该特别小心，最大可能减少学生学习中的错觉。

30 复习题的设计怎样做到顺"理"成章？

这是一节关于长方体和正方体的复习课，教师在复习整理长方体和正方体的特征以及表面积、体积等计算公式后，设计了以下复习题：

1. 一个长方体的长是 6 厘米，宽是 3 厘米，高是 3 厘米，这个长方体的侧面积是多少平方厘米？

第一层次：学生用"（6×3＋3×3）×2"计算；第二层次：引导学生想象侧面展开图，得出侧面积的另一计算方法"底面周长×高"——（6＋3）×2×3。

2. 一个长方体的底面是面积为 100 平方厘米的正方形，它的侧面展开图正好是一个正方形，这个长方体的表面积是多少平方厘米？

学生通过画图（如下面左图）发现长方体的底面边长是 10 厘米，侧面展开图的边长是 40 厘米，由此解决问题。

教师改变底面积数据为"300 平方厘米的正方形"，引导学生思考：300不是某个数的平方，用我们现有的经验求不出底面的边长，能不能不求出底面边长，而巧妙地解决这个问题呢？启发学生想出如下面右图的图形分割方法。

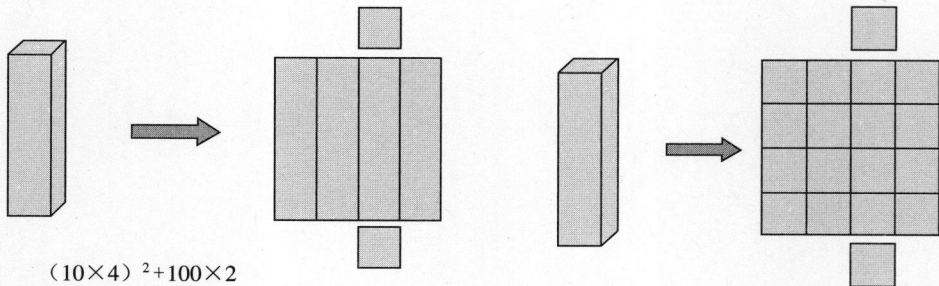

$(10×4)^2+100×2$

3．一个长方体长 12 厘米，宽 10 厘米，里面盛有 15 厘米高的水，把一个苹果放入水中，水面上升了 2 厘米，这个苹果的体积有多大？

4．有这样一个零件（如下图），体积是多少？（单位：厘米）

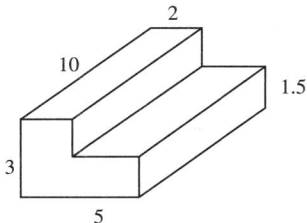

"切"：病理诊治

在单元知识的复习课中，不仅需要知识方法的整理，而且需要思维方法的"整理"。设计复习题时，并不能表现为知识点的简单匹配，而应该尽力体现知识的综合性；另外，设计复习题时，也不能表现为知识点的简单排列，而应该尽力体现知识的整体性。

在许多教师的观念中，常常以为只有新授课才需要创设情境，其实，复习课更需要创设情境，因为与新授课相比，复习课缺少新知识所具有的神秘感，有的只是旧知重复的乏味，学生对复习课的感觉常常是"炒冷饭"和"做题目"，缺乏复习的热情。

要让复习课亦能"感动"学生，我们至少应该做到两点：一是让复习课能有情境，设计一条事情演变的主线贯穿其中，这样学生就会感觉那么多的复习题不再"单独"；二是让复习课能有意境，设计一条思维训练的主线贯穿其中，这样学生就会感觉那么多的复习题不再"单调"。由此，我们应该努力提高复习题的"品位"，通过情境的发展和思路的拓展，使这些关系不紧密的题目能够变得更加"团结"。

一是使复习题的情境能够连贯。对复习课，学生大多有一种繁杂的感觉，繁杂的原因：①复习的知识比较多；②复习的题目比较多。所以，复习课的主要任务就是整理繁杂的知识，建立知识的联系，使之不繁，简化知识的头绪，使之不杂。对复习题，我们在精选的同时，还应该做到精用，使之具有一题多用、一题多变的包容性，这样给学生"一题"的感觉，却有"多题"的收获。另外，题目之间的过渡和转换也应显得比较自然。

观察上述课例中复习题 3 和复习题 4，从表面上看，这两道复习题在情节上没有关联，但从知识点上看，它们是有关联的，它们同属于体积知识的应用。

那么，怎样让这两道复习题在情节上能够建立关系呢？我们可以先出示复习题 4，让学生采用"分一分""补一补"的方法解答后，引导学生由数据的特殊性进而想到"移一移"的解题方法，至此完成本题的"知识使命"；之后，我们可以去掉题目数据，在学生无法解答之时，教师顺势提供"一个长方体长 12 厘米，宽 10 厘米，里面盛有 15 厘米高的水"的情境，启发学生把零件放入长方体容器通过观察水的上升来计算零件的体积，这样的情境接入，不仅实现了上述复习题 4 和复习题 3 在情节上的连续，而且还让学生感悟了间接求解的转化策略。

二是使复习题的思路能够连贯。复习题一般遵循由易到难的编排原则，尽管题目的内容和类型各种各样，但它们都应该做到思想的一脉相承和思维的一气呵成，让学生学会融会贯通和触类旁通地解决问题的策略。

观察上述课例中复习题 1 和复习题 2，从表面上看，这两道复习题在思维层次上有着明显的"进步"，但在思路的过渡和方法的连通上有着明显的"间隔"，这样的隔断使学生感觉这两道题就是单独的两道题，教学似乎就是为解题而解题。

那么，怎样加强这两道复习题在思路上的联系，让学生体会其中隐含的思想方法呢？我们可以在学生想出"（6×3＋3×3）×2"和"（6＋3）×2×3"两种解题方法之后，进一步引导学生观察题目数据的特殊性，由此进行图形分割 |　|　|　|　|　|，从而发现一种新的解法"3×3×6"。图形分割解决问题的策略正是沟通复习题 1 和复习题 2 的一座桥梁，教师借机可以让学生实现方法的迁移，使复习题 2 成为复习题 1 思路的延续和思想的延长。当然，如果教师在学生解答复习题 2 后，还能把其中的数据进一步升级成"底面是面积为 a 的正方形"，最终概括出一个计算公式"$S_表＝16a$"，这样无疑可以使复习题的功用更上一层楼。

C

概率与统计

31 因材施教，此"材"只是教材吗？

"望"：病例观察

这是一节"统计"课的教学片段——

教师让各小组中一个学生报三种形状学具的名称，其余学生记下来，引导学生产生以下三种不同的记录方法：

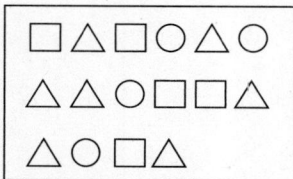

（方法1）

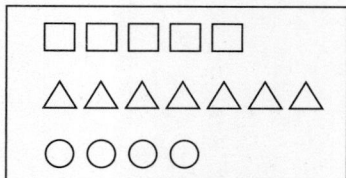

（方法2）

□	✓ ✓ ✓ ✓ ✓
△	✓ ✓ ✓ ✓ ✓ ✓ ✓
○	✓ ✓ ✓ ✓

（方法3）

在学生学习过程中，出现两大问题：一是学生普遍认为采用排一排、理一理的分类整理的方法进行统计更为简单，这些不同形状的学具稍经整理就可观察出统计结果，采用教材所示的报名称记录后统计的方法反而麻烦。也就是学生还没有产生用教材所示统计方法的内在需求，教师难以让学生真正发挥主体作用，并且处理稍不恰当就极易使教学变成机械式的模仿、逼迫式的灌输。二是学生基于教材所安排的情境一般只会产生前两种记录方法，而当教师教授第三种记录方法后，学生普遍认为第二种记录方法也很清楚、简单并且相对于第三种方法更为直观。

"切"：病理诊治

依照上述课例的教学设计，学生虽然也学会了教材所要求的统计方法，但他们并非"情不自禁"地想学会，他们对这种接受知识的方式缺乏深刻的情感体验，记忆是暂时的，是很容易"丢失"的。

由"好的服装＝好的布料＋好的式样＋好的工艺"联想到"好的教学效果＝好的教材内容＋好的呈现形式＋好的教学方法"，我们能不能在好的教材内容的基础上，适当改进其呈现形式，而更有利于好的教学方法的实施？

对这节课，我们可以将正方形、三角形和圆形的学具改成三种形状的饼干，将放在学生学具盒中的"一目了然"改成在动物园里饲养员用饼干喂猴子的"一去无踪"（多媒体电脑演示），"迫使"学生产生不得不记录下来的强烈愿望；而后加快饼干下落速度，减少饼干呈现时间，"迫使"部分记录慢的学生产生不得不寻找更为简单记录方法的强烈愿望，接着教师要求学生统计奔来又奔去的大、中、小猴子的只数，学生感到难以把猴子的形状记录下来，"迫使"其他学生也产生不得不寻找更为简单的记录方法的强烈愿望；最后顺势让学生在共同"利益"的驱动下讨论"怎样记录既清楚又方便"，在实践中，学生发言热烈，思维活跃，除产生教材所示的方法外，还产生了用"点""横""竖""五角星"等符号乃至用"1、2、3、4……"数字排列等多种多样的记录方法。这一重组教材的做法，改变了原先沉闷的课堂气氛，学生学得生动活泼、趣味盎然，并不时迸发出各种奇思妙想。教学效果显著。

顺便一提的是，我在听课时，发现有一名学生在按照课件记录过几次饼干下落的情况后，便不再记录与统计，而是直接写出结果，原来她发现教师设计的每一次饼干下落的程序都是一样的，由此提醒我们重新播放饼干下落的课件必须改变原有顺序和数量，这样才能保证学生统计行为的真正实施。

通过这一课例，顺便谈谈我们应该怎样看待和对待教材。首先，我们该怎样认识教材呢？

一是教材并非教学之"第一"——回答"为什么可以改进教材"的问题。教材虽然是依据国家的教育方针和课程标准，遵循学习规律由专家开发、编写而成的，但受编写时间短的限制和地区差异的影响，有些做法未曾在实践中检验，难免会产生各种操作问题。由此，我认为教材不应成为师生的"圣经"，我们应该在课改理念的指导下，在实践的基础上改进教材，"小改"、"中改"甚至"大改"，但最终教学目标不改，做到"形异神同"。也就是说，主导教学的第一因素不是教材，而应该是先进的教学观念。当教师拥有了先进的教学观念，才具备了教"活书"和"教活"书的条件。

二是教材并非教学之"唯一"——回答"怎样改进教材"的问题。教材虽然是重要的教学资源，但不是唯一的教学资源。教学的可用之"材"，除"教材"以外，其实还有"境材"——周围的环境资源以及"人材"——学生自身的人才资源。我们应结合"境材"和"人材"来增删、重组、包装"教材"，使"教材"更具情趣化、生活化、活动化。例如我们充分利用学生熟悉的动物园情境材料串联教材，又以学生自己开发出来的各种各样的统计"作品"材料补充教材；又如我们在"统计"一课的练习中设计了抛正方体木块的活动，让学生统计各个面不同颜色出现的次数，就是在考虑学生"人材"特点（爱动好玩）基础上摄取"境材"（生活中常见的抛骰子活动）组合而成的又一个生动活泼的"教材"。"教材"（狭义的）、"境材"、"人材"三位一体构建了立体式的大教材观（即广义的"教材"）。

三是教材并非教学之"归一"——回答"改进教材是为了什么"的问题。改进"教材"是为了在教材中能更好地融入学生熟悉的、鲜活的"境材"内容，更有利于发挥学生的"人材"优势。学生从"境材"出发，结合自己的"人材"特点，通过"教材"对教学内容的有序组织，从而学习知识，形成技能。这里，我认为"教材"教学的最终目标并非是回归"教材"，而应该是回归"人材"（进一步增智培能）和回归生活（进一步解决实际问题），如此才有可能引导学生学活知识、学好知识。就此而言，"教材"并非教学的出发点，更非教学的终点，而仅仅是教学的媒介。

这样的"大教材"才会成为具有生命力的丰富多彩的教材，体现了教材不仅是预成的，而且是生成的，是师与生之间互动过程的结晶。也可以这样说，"大教材"的构建是对狭义的教材的增值和发展。

那么，在"大教材"观的指导下，我们该怎样让数学教学"'材'源茂盛"呢？

一是活用"教材"资源。美国人面对"SARS"这一令人恐怖的信息时所産生的独特思考启发了我们面对教材的态度，他们认为"S—A—R—S"即"Select（选择）—Adapt（适应）—Reject（建议）—Supplement（补充）"，教师面对教材也完全可以根据实际需要对其进行"艺术"加工，增添、删减、调整、置换，使教材发挥最大效用。

（1）开拓空白资源。教材不可能"把所有问题都自己扛"，将所有问题都细致入微地娓娓道来，它存在着许多学生"看不见"的空洞和留白。教师应及时地把这些深藏不露的空白之处挖掘出来，让学生洞察其中奥妙，使学生理解得更深刻。这样，教材在"无中生有"中变厚了，相应地教学材料也变多了。

例如平行四边形的面积公式推导中"为什么要沿着高剪"，三角形的面积和梯形的面积中公式"还有其他的推导方法吗"等教材中没反映出来的深层次问题都可被教师点化成消除学生思维盲点、开阔学生思维空间的添补材料。

又如教学求一个小数的近似数中"为什么保留到哪一位，只需看后一位上的数"是教材的空白点和学生的疑惑点。一位教师在教学例题"4.962保留一位小数是多少"时，引导学生观察十分位后面的尾数表示"62个千分之一"，超过"50个千分之一"，也就是超过"5个百分之一"，向十分位进一，学生明白了只需看小数保留位数后一位的道理。

（2）调配现有资源。教材不可能把所有问题都设计得十全十美，最有利于学生的发展。教师应果断地改造教材中那些平铺直叙的呆板和"臃肿"，使教学材料更具挑战性。这样，教材虽在"精简机构"中变薄了，却反而使教学材料增值。

例如一位教师教学"成正比例的量"后，首先让学生猜想成反比例的量存在的可能性，然后让学生迁移学法探究反比例的意义，学生利用课上乃至课后时间独立或合作地"创造"出了"成反比例的量"的研究报告。同理，教学"加法的交换律和结合律"后，完全可以放手让学生依此"编写"出"乘法的交换律和结合律"的教材。

又如一位教师教学"小数乘法"，揭示因数和积的变化规律后，直接跳至"小数乘小数"的教学，而后让学生自己研究"小数乘整数"的算法。这样重组教材，一方面有效防止了原来教材先教学"小数乘整数"时给学生留下的"小数点对齐"的错觉，克服了小数加减法带来的负迁移。现在先教学"小数乘小数"正面强化了小数乘法的算理，因为在"小数乘小数"计算中算理表现得更为清晰、突出和典型，然后由一般到特殊，"小数乘整数"计算就相对比较简单，完全可以让学生"顺水推舟"。另一方面。这样大步子的整体性教学，节省了教学时间，提高了教学效益。

二是重用"人材"资源。师生是数学教学中活生生的互动主体。师生的个体特征和个体差异都有可能影响着数学教学形势。教师的形象、学生的风采和言行有时可以被转化成教学的"人材"资源，从而产生教学契机，闪现教学亮点，这需要教师身怀"借鸡生蛋""借题发挥"的教学机智和教学技术。

（1）放大人身资源。"姓名"是人世间最动人的名词，"进步"是人世间最喜人的动词。数学教学也可采用借代手法，借身边的人说身边的事，用这些真实生动的材料取代原有例题或创设新的教学情境，营造亲切的教学氛围，激发学生学习兴趣，使学生产生接纳知识的良好心向。

例如一位姓吴的教师教学"倒数的认识"时，借用自己的"吴"姓大做文章，电脑演示把"吴"字颠倒成"吞"字，在有趣的玩字游戏中导入新课，学生愉快而又形象地认识了倒数的"外表"。

又如一位教师把班中一名学生的进步情况编成分数应用题代替原有例题，既使"当事人"倍感鼓舞，又使"旁观者"倍受感染，无形中提高了例题的亲和度和"收视率"，给学生留下了深刻的印象和美好的回忆。

（2）捕捉意外资源。在教学过程中，由于学生别样的"性情"，常会"爆"出一些生成性问题。对于一些本身能促进教学和一些经过处理才能促进教学的随机事件，教师要能及时捕捉、慧眼识别、巧妙转化、有效利用，使其成为可遇而不可求的教学资源。

例如一位教师教学"互质数"后，一名学生突然发现："如果两个数的和是质数，那么这两个数一定是互质数。"这一观点是否成立，又给学生提供了进一步探究的"额外"教学材料。

又如一位教师教学"三角形的内角和"时，教材采用"量"和"拼"的方法，有学生质疑，"量角有误差，把量得的角相加，不一定等于180°"，"把三个内角拼成平角，拼凑有缝隙，不能说明拼成的一定是平角"。由此提出，"量"和"拼"都有局限性，仅能说明"三角形的内角和是180°"是个猜想！

这意外的"反叛"促使学生再寻他法，想出了让人信服的证明方法：把长方形沿对角线剪开得到两个相同的直角三角形，可以证明直角三角形的内角和等于180°。同理，学生很快证明了锐角、钝角三角形的内角和也是180°。

三是引用"境材"资源。学生并非只置身封闭的课堂之中，瞬息万变的社会生活信息处处吸引着学生的眼球；学生并非只学数学一门学科，包罗万象的其他学科知识时时拓宽着学生的视野。教师应善于旁征博引，把一些相关的社会生活信息和其他学科知识"移植"或"嫁接"到数学教学之中，使数学教学具有"千姿百态""万种风情"。

（1）融汇生活资源。数学教学要多取材于学生熟悉的现实生活，让学生凭借生活经验主动探索数学知识，学会用具体的生活经验理解抽象的数学知识，实现数学学习生活化；同时，让学生学会用数学的眼光看待、分析、解决生活问题，实现生活经验数学化。

例如一位教师教学"百分数的意义"时，电脑呈现"走进西部"的图片和数据：①西部地区面积540万平方千米，约占全国面积的56％。其中平原、盆地面积不到10％，沙漠、戈壁、石山和海拔3000米以上的高寒地区约占48％。②西部地区煤炭储量约占全国的36％，石油储量约占全国的12％，天然气储量约占全国的53％。全国已探明的140多种矿产资源中西部就有120多种，约占全国的85.7％。③西部地区人口2.85亿，约占全国人口的23％。一名学生问："西部地区的矿产那么丰富，人口那么少，为什么人民生活不富裕？"全班沸腾，一名学生说："从56％和48％这两个百分数，就可以找到答案。恶劣的生存环境是造成西部地区人民贫穷的一个根本原因。"有的学生认为西部的交通、教育落后以及人才资源缺乏是贫穷的主要原因。还有学生说："尽管西部地区的自然条件差，但有丰富的资源待开发。从电视上看到，西部的自然环境比东部保护得好。我认为西部大开发很有意义。"

又如一位教师教学"乘数是两位数的乘法"时，抛出一个生活问题："小明的妈妈买13个鸡蛋，想称重量，可秤盘小，一次最多能放10个，你说她怎么称？"学生根据生活经验想出了办法："先称10个，再称3个，然后把两次的重量加起来。"以此引入乘数是两位数的乘法的算理教学。

（2）综合学科资源。知识是没有学科界限的，数学同其他学科知识有着千丝万缕的联系。引用其他学科知识"包装"数学知识，这种"夹心"式制作工艺不仅让学生感觉新鲜，而且能使学生"品尝"到数学知识与其他学科知识相融的"美味"，使学生切实感受到数学知识应用的广泛性。

例如一位教师教学"6—9 的认识"时，出示一幅美丽的诗配画："一去二三里，烟村四五家，亭台六七座，八九十枝花。"教师就此提问："同学们已经会将诗中的'一二三四五'用数学符号写为'12345'，那么诗中的'六七八九'，如何用数学符号写出来呢?"

又如美国小学数学"分数的认识"一课，列举了与本节有关的知识：①科学联系。睡眠帮助你储存精力，恢复体力，幼儿每天需要约全天 1/2 的睡眠时间，少年每天需要约全天 1/3 的睡眠时间。哪个年龄段需要更多的睡眠时间？②健康联系。钙质保证你的骨骼健壮。若成年人每餐需要 1/3 杯牛奶，那么成年人一天需要多少杯牛奶？③文学联系。向学生推荐小说《国王的平等》，书中介绍了一位既善良又聪颖的女国王，她通过运用分数的知识巧妙地化解了狼与绵羊的矛盾，宣扬了正义与智慧。

教学资源无处不在、无时不生，也取之不尽、用之不竭。然而，要使上述教学资源"显而易见"并能为我所用，关键在于教师能积极地"对内搞活，对外开放"，并做到耳聪目明、心灵手巧，运用"挖（挖掘）、调（调节）、借（借代）、抓（抓取）、提（提炼）、引（引用）"等多种手段，促使数学教学"不尽'材'源滚滚来"！

32 求简和实用如何成为知识创新的强动力？

"望"：病例观察

一位教师教学"复式统计表"，出示教材例题的整体情境，然后让学生根据情境图中的数据直接填写相对应的四张单式统计表（如右图）。

此后，教师问学生："填写这四张统计表后，你们有什么感觉？"但学生没有产生教师所认为的"麻烦"感，教师也就无法按预设顺势引出复式统计表。于是，教师改问："这四张统计表有什么相同的地方？"虽然学生说出了教师需要的相同点，但离教师预设的让学生主动表露出对复式统计表的需要仍然有着一道"坎"，最终教师只好自己推出复式统计表。

青云小学五年级有 4 个兴趣小组在活动。

男生8人 女生6人　　　男生3人 女生5人

男生3人 女生4人　　　男生4人 女生6人

把这 4 个兴趣小组的人数填在下面的统计表里。

航模小组活动人数统计表

性别	合计	男	女
人数			

民乐小组活动人数统计表

性别	合计	男	女
人数			

书法小组活动人数统计表

性别	合计	男	女
人数			

美术小组活动人数统计表

性别	合计	男	女
人数			

把 4 个小组的人数合并在一张统计表里，应该怎样填？

整节课教学，执教教师对例题教学一晃而过，学生只是在轻而易举地看表、填表、读表的"流水线"中平淡无味地度过一节课，缺乏"复式"教学的滋味。对"为什么要制成复式统计表""复式统计表是怎样形成的"等深层次问题，学生缺乏基本的认识。

"切"：病理诊治

复式统计表的知识，是讲给学生听还是让他们自己体会，教师大多选择后者，但教学达成度不甚理想，根本原因在于学生没有产生把单式统计表合成复式统计表的自觉性。而要解决这一问题，就要让学生在"慢慢走，欣赏啊"的教学展开中渐渐体悟，等其积累到一定程度后教师再提出一个具有突破性意义的问题，激起学生的学习意愿。于是，我们对主体环节进行了以下改进。

1. 拆出一段渐进性的体悟过程

（1）出示"航模小组"情境图以及"航模小组活动统计表"

师：根据这一情境，你会填这张统计表吗？（学生填表）

（2）出示"民乐小组"情境图

师：要统计民乐小组男女生人数，能与这张航模小组的统计表一样设计吗？为什么？

生：可以一样设计。因为虽然是不同兴趣小组，但它们都是统计男女生人数情况。教师用多媒体演示从"航模小组活动统计表"中复制出一张统计表，并改名为"民乐小组"。

（3）出示"书法小组"和"美术小组"情境图

师：如果要统计书法小组和美术小组男女生人数，你认为还能用上面的统计表样式吗？

生：可以。

（4）比较四张统计表的异同

小结：统计表形式相同，都是统计男女生人数情况，只是统计的小组名称不同。

2. 提出一个具有突破性意义的问题

（1）合并统计表

师：我们从每张统计表的"合计"中可以很快看出各个兴趣小组的总人数，如果我们要比较四个小组男生总人数与女生总人数哪个多，怎样设计统计表可以让我们比较清楚地看出来？

生：把分散在四个小组中的男生和女生人数合在一起，分别算出总人数。

（教师用多媒体依次演示，把四张统计表移在一起，如下面第一个表。）

性别	合计	男	女
航模小组人数	14	8	6
性别	合计	男	女
民乐小组人数	8	3	5
性别	合计	男	女
书法小组人数	7	3	4
性别	合计	男	女
美术小组人数	10	4	6

性别	合计	男	女
航模小组人数	14	8	6
民乐小组人数	8	3	5
书法小组人数	7	3	4
美术小组人数	10	4	6

（2）精简统计表

师：对这张统计表，你们感觉怎样？

生1：这张统计表不太简洁。可以把相同的栏目合在一起。（教师用多媒体演示合并过程，合成后如上面第二个表。）

生2（指着每一栏的"人数"）：这些"人数"，能不能也只写一个？

生3：不行的，都去掉了就不知道统计的是什么数据了。

师：其实，"人数"也可以简化的，我们可以把它合并到表头里。（教师用多媒体演示表头的形成过程，如下页第一个表）横栏统计的是"性别"，竖栏统计的是"组别"，那"人数"呢？（学生回答略）

（3）完善统计表

师：现在我们可以统计出各组男生总人数和女生总人数了，但总计的结果写在统计表的什么位置呢?

生1:写在统计表下面最后一栏。

生2:我不同意。我认为应该写在统计表上面第一栏,因为"合计"也是放在统计表的前面第一栏的。(其他学生赞同。)

教师用多媒体补出"总计"栏(如下面第二个表),并指导学生填写和检验方法,最后把整个复式统计表写完整。

人数　　性别　　　　　　组别	合计	男	女
航模小组	14	8	6
民乐小组	8	3	5
书法小组	7	3	4
美术小组	10	4	6

人数　　性别　　　　　　组别	合计	男	女
总计	39	18	21
航模小组	14	8	6
民乐小组	8	3	5
书法小组	7	3	4
美术小组	10	4	6

(4)比较统计表

教师引导学生比较单式统计表与复式统计表的异同,体会复式统计表的优越性。

(5)拓展统计表

教师介绍复式统计表的另一种设计方法(如下页表):如果有10个小组,画在作业纸上,你觉得哪种比较合适?

人数　　组别　性别	合计	航模小组	民乐小组	书法小组	美术小组
总计	39	14	8	7	10
男	18	8	3	3	4
女	21	6	5	4	6

小结：设计复式统计表还要根据实际情况，因地制宜，并要注意美观。

经过实践检验，这样修改后的教学设计取得了良好的教学效果。其成功的原因在于教师没有用一种简单的教学思维去使用教材，照本宣科，让学生囫囵吞枣，不知其味。相反，教师用一种多向的教学"复式"思维成就着课堂品质。

一是让知识之"新"与生活之"性"相荣。教学时，教师不仅要考虑知识之"新"，还要考虑生活之"性"。学生在生活中，其实经常见到复式统计表的"影子"，例如课程表、背书登记表、成绩统计表等复式统计表的雏形或异形，他们都会看、会填，况且学生已经学过了单式统计表，所以教师不教复式统计表，大部分学生也会填写。

从教学的生活性出发，我们就很容易发觉知识之"新"发生了变化，它已经不再是学生学会复式统计表的"看"法、"填"法以及"说"法，而应该是知道复式统计表的"长"法，也就是知识是怎样生成的。尽管教学目标并不要求学生学会画复式统计表，但教师完全可以让学生看清复式统计表的"生长"过程，以此看透复式统计表的基因与进化过程、特点与优点。

所以，生活之"性"是教学之"新"的起点，并决定着教学的方向。

二是让知识之"芯"与学生之"心"相印。教学时，教师不仅要考虑知识之"芯"，还要考虑学生之"心"。在教学中，教师的教是为了学生的学，知识的新意要跟随学生的心意而显现。

例如教师利用学生喜欢简单的心理，抛出一个不简单的问题"如果我们要比较四个小组男生总人数与女生总人数哪个多，怎样设计统计表可以让我们比较清楚地看出来?"，促使学生主动寻找简单的方法，进而在多张单式统计表合并中多次进行精细化操作，最终水到渠成地创造出复式统计表的"模样"；又如教师利用学生追求实用的心理及时拓展知识，提供复式统计表另外一种样式，进而让学生在思考"如果有 10 个小组，画在作业纸上，你觉得哪种比较合适？"中体会知识的灵活性。

所以，学生之"心"是知识之"芯"的落点，并决定着教学的归宿。

总之，在教学中，教师不仅需要考虑知识因素，还要考虑人的因素和环境因素，这种多向的教学"复式"思维，才能保证教学充满生命的活力。

33 这个结果，真是"意外"吗？

"望"：病例观察

一位新教师执教的四年级"游戏规则的公平性"一课中，有这样一个环节——

教师组织学生开展摸球活动，从装有 4 个黄球、2 个白球的布袋中摸球，每组任意摸 30 次。组织摸球活动的目的是显而易见的，让学生感受摸到黄球的可能性大，摸到白球的可能性小。

摸球活动结束后，教师组织各组汇报摸球结果并记录于黑板。结果有 10 个组都是摸到黄球的次数多，摸到白球的次数少，但有 1 个组摸到黄球 13 次，摸到白球 17 次。

此时，有学生立即站起来说："老师，这个组的数据不正确，在装有 4 个黄球、2 个白球的布袋中，摸到黄球的可能性肯定比摸到白球的可能性大，他们应该搞错了。"

这位新教师看了看黑板，嘀咕道："这是怎么回事呢？"面对着等待结果的孩子们，老师有点不确定地说："这个小组刚才在摸球时，可能没有搅拌均匀，致使他们试验的结果出现了'意外'，咱们现在不看他们这组的统计数据。"（教师边说边把这组的数据擦去了，并继续带领孩子们观察黑板上的其他各组的统计数据。）

那一小组的统计数据真的是"意外"吗？听课教师议论纷纷。

"问"：病历记录

课后，我们找那一组孩子以及执教老师进行了访谈。

问：孩子们，你们在装有 4 个黄球、2 个白球的布袋中摸球，是怎么摸的？

生1：我们按照老师的要求分工合作，1人记录，1人摸球，2人监督。

问：从袋子里摸球是怎么做的呢？

生2：我先把袋子中的球搅拌一下，从里面摸出一个球，然后放进去再搅拌一下，再摸。

生3：其实，我们组是按照老师的要求做的，可是老师说我们没有搅拌均匀。

问：你们觉得在这种情况下，摸到白球次数多的情况可不可能呢？

生4：我想应该可能的吧，我也不清楚，……

问：在课上出现了在你意料之外的一组数据，当时你是怎么想的？

师：为了让学生感受摸到黄球的可能性大，我在课前亲自进行了几次试验，我做的每一次试验摸到黄球的次数都多于摸到白球的次数。课上出现了这组数据，我是感到很意外的，也进行了激烈的思想斗争，如果没有老师听课，我会让那组学生重新再摸一回，但是，公开课我怕耽误时间。

问：在装有 4 个黄球、2 个白球的布袋中摸球，出现摸到白球 17 次，摸到黄球 13 次这样的数据你觉得可能吗？正常吗？

师：可能性太小了吧？

问：为什么呢？

师无语。

访谈中，学生的表现是"糊涂的爱"，教师的表现是"雾里看花"。

"切"：病理诊治

"游戏规则的公平性"属于"统计与概率"类知识，"统计与概率"可以说是数学新课程中最有创新也是最让小学教师感到头疼的内容。概率知识告诉我们，随机现象有两个特点：一是在一次试验、观察中，该现象的发生与否呈现不确定性，没有规则，不可预测；二是在大量的试验和重复观察中，从整体来看，该现象的发生与否却表现出一种非偶然性的规律性，即具有统计规律性。根据随机现象的特点，从装有 4 个黄球、2 个白球的布袋中摸球，因为黄球的个数比白球多，所以摸到黄球的可能性要比摸到白球的可能性大，但是摸到白球次数比摸到黄球次数多的可能性也是有的，只是发生的概率比较小而已，并不是执教老师所言的"意外"。那么，面对小概率事件的发生，我们可以怎么做呢？

一是不该擦去"意外"这一数据。"统计与概率"离不开数据，随机现象中的非偶然性的规律性就是通过对大量数据的分析而推断的。访谈得知，这一组数据也是学生按照老师的要求在试验条件正常的情况下得到的，也是来自试验过程中的有效数据，不能因为这组数据不合老师教案之意就用"意外"两字否定、去除。小学进行统计与概率的教学，除了要让学生逐步形成统计观念，还要让学生形成尊重事实、用数据说话的科学态度。

二是可以增加课堂"累计"这一环节。根据随机现象的特点，在大量的重复试验或观察中，其结果会呈现某种规律。如果把各组的统计数据进行累计，更有利于学生发现规律，认识规律。因为试验次数越多，获得的数据就越多，这样也就越能反映摸球活动的规律。上述课中，将各组数据累计如下：摸到黄球 207 次，摸到白球 123 次，这样的数据特点就能很好地反映出在装有 4 个黄球、2 个白球的布袋中摸到黄球的可能性大，摸到白球的可能性小这一规律。认识到这一点，即使出现了那一组"意外"的数据，老师也就可以不意外了，只要引导得当，完全可以达成教学目标。教师可以引导学生观察：这一组的数据有些令人"意外"，在 4 个黄球和 2 个白球的情况下他们摸到白球的次数比摸到黄球的次数多，如果我们把各组的数据累计，会有怎样的发现呢？此时，把学生的目光聚焦于全班的累计数据上，学生很容易发现还是摸到黄球的次数比摸到白球的次数多，也就是说摸到黄球的可能性大。教师在处理这一组数据的时候不仅不应该"忽略"，还要"放大"其功能，还可以借这一组数据引导学生感悟每一次摸球的结果是不确定的，出现摸到白球次数多而黄球次数少的可能也是存在的，从而使学生感悟到随机事件的不确定性。在对各组数据的统计分析及全班数据的累计分析中可以很容易让学生领悟：由于布袋中黄球的个数多，白球的个数少，所以在尽量多次数的摸球中，摸到黄球的可能性大，摸到白球的可能性小。

三是教师需要补上"概率"这一知识。对师生的访谈让我们感到教师对概率知识是"雾里看花"。客观地说，现在的小学数学教师系统学习过概率论知识的可能并不多，而要引导学生领会事件发生的随机性、事件发生结果的必然性、大量随机现象中的统计规律性，教师就必须补上这些知识。只有这样，教师才能在明晰概念的前提下帮助学生领会可能性，及时发现并纠正学生片面、肤浅的认识，避免出现教师越讲学生越糊涂的现象。因此，教师在执教前要着重把握以下几点。

（1）试验要求要明确，要突出在相同条件下做大量的重复试验。因此，执教老师在摸球活动前，必须讲清两个要点：①球除颜色外，其余都完全相同（包括大小、质量、手感等）；②摸球之前先要搅一搅，要搅匀（搅匀是摸球试验中保证公平的前提条件），再从中任意摸一个球，放回，再搅匀。有位老师在上这一课时，介绍活动规则这一环节，非常笃定地用了好几分钟时间。还有一位老师上这课内容时，特意拍了一段录像，非常清晰地示范操作的要求，这都是为了突出"在相同条件下做试验"。

（2）要明白试验前是无法知道事件发生的结果的，这是因为事件的发生有随机性；但试验后结果是确定的。同时，由于课堂上试验次数相对少，学生不易看清统计的规律性。

（3）正确处理上课时的"意外"数据。教过"游戏规则的公平性"一课的老师都曾组织学生试验过在同一条件下抛硬币的随机事件，实际上在试验过程中要排除"正（反）面出现的频率大幅度偏离 1/2"的极端情况，因为这些情况的发生在大量的试验中是小概率事件。但学生没有系统的概率知识，当他们面对自己手中杂乱的 10 次或 40 次的试验结果，找不到规律，思考就会遇到障碍。为了帮助学生跳出困境，充分利用已有数据，教师应该在课堂上对更多的试验结果进行探索，引导学生将数据累计起来看：10 次、20 次、40 次、160 次……再出示历史上数学家的试验数据，并启发他们以抛掷的总次数为"参照物"，用相对的眼光来观察数据，从而发现随机事件的统计规律，这样组织学生体会可能性更符合概率的思想。

D

实践与综合

34 "钉子板上围不出圆",能让学生信服吗?

"望":病例观察

五年级"用字母表示数"单元后有一节综合实践活动课"钉子板上的多边形"。

当学生通过教师所举的多边形内只有一个钉子的例子,发现"多边形的面积是多边形边上钉子数的一半"之后,教师启发道:"这句话怎么表示可以更简洁?"

学生面面相觑。教师提示学生可以用字母表示数,用字母式表示数量关系,板书 $a=1$,$S=n\div2$。然后,教师让学生自己举例验证。

展示几个学生作品后,教师准备总结:"同学们,你们举的例子也都符合结论吧?"

生1(举手):老师,我的不符合结论。

师(感到突然,也感到奇怪):哦?不符合?!

生1作业纸的点子图上徒手画了这样一个圆(如下图):圆的边上钉子数是4,代入 $S=n\div2$ 算出的面积是2,但我用割补法发现实际面积应该比2大。

师(略有迟疑):同学们,你们对这个反例有什么看法?

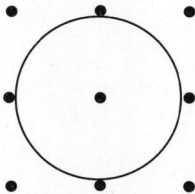

生2:二年级的时候,我们已经知道钉子板上是围不出圆的。

生1(不服):但可以画出来呀。

生2感觉自己的理由不充分，坐下继续思考。

师（欣喜地表扬生2）：是啊！钉子板上是围不出圆的，所以这个反例不符合要求，结果自然不符合结论。现在，我宣布刚才的结论正确。

……

课终，教师让学生回想刚才的学习过程，板书"猜想—验证—结论"，总结了找规律的方法。

"问"：病历记录

课后，我与执教者进行了这样一番交流——

我：课中生2的反对意见"钉子板上是围不出圆的"，可以成为反对生1提出的反例的理由吗？

执教者：不可以吗？钉子板上确实是围不出圆的呀。

我：你有没有发觉生1并不服气？

执教者：嗯。

我：他的申辩"但可以画出来呀"是否有道理呢？

执教者（反问）：有道理吗？画出来不等于围出来。

我：你知道皮克公式吗？

执教者：不知道。

我换了一个话题——

我：圆是多边形吗？

执教者：……

"切"：病理诊治

"钉子板上的多边形"属于规律探索类课型，是苏教版教材修订后新放入的内容。教材依次呈现多边形内有1个钉子、2个钉子的图形，引导学生通过数一数、算一算等方法发现多边形面积与边上钉子数之间的关系，在此基础上，探索、推导多边形内有3个、4个等更多钉子的情况，最后得出一般结论。

苏教版教材原来单独设置"找规律"单元，新教材则分解这部分内容融入相关教学之中。在教学"找规律"知识时，教材提出重在"找"，所以这一综合实践活动教学的价值取向不在于"获得的结论是什么"，而重在"你是怎么获得结论的"，让学生经历规律探索的一般过程与方法，积累数学活动经验，培养学生善于发现的眼光、科学严谨的态度、归纳概括的能力。

不过，我们需要注意的是，这节课的"找规律"是五年级内容，学生在之前的学习中，已经经历过专门的"找规律"的直接教学，例如"周期规律""搭配规律"等内容。除了这些抬头写着"找规律"标识的专门教学，很多探究性的内容其实也是在"找规律"，例如代数领域的"商不变性质""运算律"等内容，几何领域的"三角形的三边关系""三角形的内角和"等内容，只是这些内容的教学重点不只在"找规律"，还须在"用规律"。可以说，"找规律"作为一条路径或一个环节，隐身于许多教学内容中。但如果教师在教学这些内容的时候，都能够把它们看作"找规律"的知识，并按照"找规律"教学的一般流程来设计，那么学生到五年级学习本节课的时候，已经相当熟悉找规律的方法流程和技术手段，足以实现知识上和学法上的正迁移。

然而，从这节课"课终，教师让学生回想刚才的学习过程，板书'猜想—验证—结论'，总结了找规律的方法"来看，要么教师的潜意识中还把这节课当作找规律知识的"独生子女"，无视知识的血脉联系；要么不肯放手让学生自己设计找规律的探究程序，无视学生的能动作用。也就是说，如果教师"眼中有过去""眼中有学生"，那么在课的一开始就让学生回想过去，让学生循着找规律的一般流程和方法去找规律，而不会把它作为新玩意儿在课终让学生总结。

学生在以往的"找规律"学习中，除了知道找规律的一般流程，还知道找规律的一般方法，遵循由易到难、由点到面、由表到里的思路向更远处迈进，向更深处挺进。这也就告诉我们，在找规律的时候，学生自己会从最简单、最特殊的例子入手研究。这节课的找规律，比以前的"找规律"教学内容更复杂，存在着第三个变量，但我们不必担心学生，他们还是会依照研究的一般规律，从比较容易的形内钉子数 $a=1$ 的规则图形开始探究，然后逐步展开，课中教师只需顺着学生的这种认识规律设计教学线索、设置教学板块。在探究过程中，可能会出现学生从形内钉子数 $a=0$ 的规则图形开始的原始想法，对这种情况，教师不必"强扭"，而可以抓住学生在比较由此得到的数据时探索规律存在困难，及时引导学生调整研究起点，把 $a=1$ 作为突破点。如此一来，到最后，学生自己会不忘回过来探索 $a=0$ 的情形，给探究活动画上圆满的句号。这样让学生"念念不忘"的课堂必将呈现出一番"生动"局面。

在此还需要着重指出的是，现在小学教材中编排的"找规律"内容大多是让学生运用不完全归纳法发现规律，这是由小学生的学情决定的，由此带来的好处是，它有助于教师设计丰富多彩的探究活动，也有利于学生在探究活动中充分体验发现的过程，发展观察、比较、推理、综合、抽象和概括等思维能力。不过，用不完全归纳法发现的结论未必为真，所以在平时教学时，教师要转换立场，把自己当作并不知"真"情的学生，这样才不会忘记让学生在每次验证的时候尝试寻找反例。并且这种寻找反例的过程不能流于形式，一带而过，需要真的留出时间给学生。

鉴于现行教材编排的"找规律"都是能够找到规律的，经历几次后，学生可能会形成"发现的结论必定为真"的定式和误解，这显然与科学探究的真相不符，也不利于培养学生的科学态度。于是，有教师特意自编了一些"探究失败，结论错误"的内容，以此冲击和矫正学生或已形成的固见和错觉，这不失为一种明智之举。

以此观察本节课的教学，教师的提问（其实不是真的在问，只是作为过渡语随口一问）——"同学们，你们举的例子也都符合结论的吧"，结果有学生发现了反例，从教师"感到突然，也感到奇怪"的反应可以看出，教师的预设中并没有"让学生寻找反例"这一教学环节，由此也可以看出这位教师在以往的找规律教学中也没有"让学生寻找反例"这一教学习惯。这不符合科学探究的本义，虽然对真命题教材内容来说，寻找反例属于多此一举，但我们的教学不能视之为多此一举，因为你已知其"真"，而学生尚在求"真"。

接下来的课堂，从学生举出反例之后教师的应对来看，我们可以发现教师对教材的研究并不透彻。"钉子板上是围不出圆的"，这一回答真的可以成为反对反例的理由吗？

如果深究教材内容，我们可以发现"钉子板上的多边形"不过是皮克公式的"替身"。皮克公式是奥地利数学家皮克发现的一个计算点阵中多边形的面积的公式。数学科普读物《格点和面积》介绍了格点及面积的相关内容：一张方格纸，上面画着纵横两组平行线，相邻平行线之间的距离都相等，这样两组平行线的交点，就是格点，怎样用格点的个数去计算平面上有限区域的面积，或者反过来，计算在平面上已知面积的一个有限区域内至少有多少格点。《格点和面积》就是这样围绕着格点和面积这个主题，讲述了数学上一些有用的问题。

由此我们可以做这样的推断，"钉子板上的多边形"的原形是"格点图中的多边形"。而教材为何要把研究背景放在钉子板上呢？更多的是考虑到钉子板上围图形是小学生喜闻乐见的活动，也是学生在低年级已经做过的事情，这样的呈现方式富有童趣，给学生玩数学的乐趣。然而，这一小小的改变，也可能会蒙蔽学生的眼睛。课中生2的回答"钉子板上是围不出圆的"，从教学内容的表面看，不可说不对，但从知识本质看，就难以服众。如果教师知道了这些，就不会肯定生2的看法，而会对生1的申辩"但可以画出来呀"倍加关注并借机发挥，把"钉子板上的多边形"及时转到"格点图中的多边形"，引导学生看到教材背后的知识真相。之后，引导学生去寻找问题的真解——"因为圆不是多边形"。这一生成性问题也在提醒我们，教师在教学时，先要找到源知识，这样才能让教学内容不会偏离知识本质，课终还会向学生指明知识的发展方向，介绍皮克公式和《格点和面积》一书，开阔学生视野。

最后，附带一提的是，本节课虽然是找规律类型的课，但它附属在"用字母表示数"单元后，那么我们就不能忘记另一大教学任务，让学生在找规律的过程中复习和巩固"用字母表示数"的知识。不过，要让学生在表述规律的时候能够主动想到用字母表示数以及用字母式表示数量关系，仅仅靠像课中教师那样依靠知识的优越性——"这句话怎么表示可以更简洁"来牵线搭桥，还不足以体现知识的本质属性——"用字母表示数演绎了'数'到'代数'的一次飞跃，它体现了一个数从'确定'到'不确定'的变化趋势"。在缩写水平上运用字母，只展示用字母表示数的简洁性，会让学生存在认识上的局限性——将符号概括水平上的运用和音节缩写水平上的运用混为一谈。从教学现场看，学生并不觉得"多边形面积是边上钉子数的一半"（注：用"多边形面积数是边上钉子数的一半"的表述更为科学）这一关系句表述烦琐，这一尴尬局面的解决之道是，我们应该抓住多边形的面积、边上钉子数以及形内钉子数等数据的"变化"，来引导学生想到用字母来表示这种"变化"。换一句话说就是，我们应展示用字母表示数的概括性，来引导学生真正理解用字母表示数的本质——"不是因为不知道这个数量是多少，而是因为这个已知的数量在不断的变化中"。

综上所述，我们不难发现"钉子板上的多边形"这节课有着两条教学线索：教学的明线是让学生寻找"钉子板上的多边形"中存在的规律，教学的暗线是让学生寻找"用字母表示数"中存在的规律。双线并进，或许这就是这节课作为综合实践活动课的意义所在："综合"成就课的内容，"实践"成就课的价值，"活动"成就课的形式。

35 "结果相差0.5"，问题出在哪里?

在另一节"钉子板上的多边形"课上，教师给每人发了一个钉子板作为学具。一名学生在钉子板上围出了这样一个多边形（如下图）。

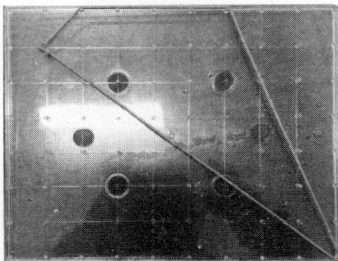

多边形边上钉子数是9，形内钉子数是18，代入皮克公式计算得到：$9÷2+18-1=21.5$。而用长和宽分别是8、7的长方形面积减去三个外面的三角形的面积和，求得的实际面积是：$8×7=56$，$8×6÷2+3×7÷2+0.5=35$，$56-35=21$。

结果发生矛盾，相差0.5。上课教师看不出问题出在哪里，只能尴尬地不了了之。无独有偶，又有一名学生找到了这样一个反例（如下页第一排左图）：用皮克公式算得面积是5，而用数格法数得的实际面积是4.5。

对此，教师做了这样的解释："这是凹多边形，不适用这个规律。"

过了一会，有一名学生举着自己的作业纸（如下页第一排中图），打断老师接下来组织的教学活动：

"老师，您看这个凹多边形符合规律。"

教师一看，果然如此，无言以对，只好说："凹多边形不属于我们要研究的，我们研究的是像这样的凸多边形。"教师顺手把这名学生画的凹多边形改成了凸多边形（如下页第一排右图）。

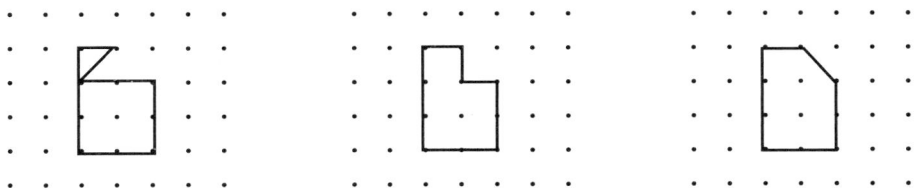

在全课接近尾声的时候，教师出示多边形（如右图），让学生用皮克定理计算面积后总结："用皮克定理计算钉子板上的多边形，比较方便。"我听到旁边一名学生小声嘀咕："数方格也很方便。"

要下课了，教师问学生是否有什么问题。有一名学生提出："当 $a=1$，$S=n\div2$；当 $a=2$，$S=n\div2+1$；当 $a=3$，$S=n\div2+2$；……为什么形内钉子数多 1，多边形的面积也会多 1？"教师没料到学生会问这个问题，愣了一会答道："这个，不是大家发现的规律吗？"

……

"问"：病历记录

课后，上课教师对"结果相差 0.5"始终感到不解："这个 0.5 相差在哪里呢？"

其他教师也看不出所以然来，有的老师说："是不是哪里少算了啊？"

有的老师说："换一种方法，用数格法数数看。"最终发现很难数出精确的结果。

还有的老师说："是不是这个钉子板做得有问题，质量不过关，不精细？"……

在一筹莫展中，教师们转头看我，我却问了上课老师另外一个问题："出示最后一幅图的目的是什么？"

她胸有成竹地答道："一是让学生用一用规律，二是让学生体会到皮克公式的优越性。"

当我把学生的嘀咕"数方格也很方便"告诉她时，她想一想后说："嗯，是感觉数方格也很方便。那为何还要搞一个皮克公式呢？"

我最后又问了一个问题："形内钉子数多1，多边形的面积也会多1，两个'1'意义相同吗?"

她答道："当然不同，前一个'1'表示一个钉子，后一个'1'表示一个面积单位。"

"那对于'为什么形内钉子数多1，多边形的面积也会多1'这个问题，你用'这个，不是大家发现的规律吗?'来回答合适吗?"我追问。

"是啊，它只是数字比出来的，我也看不出来后一个'1'多在哪里?"她深有同感。

……

"切"：病理诊治

在前一篇文章中已经说过，"钉子板上的多边形"是苏教版教材修订后新放入的规律探索类教学内容，加上它找的规律属于事物本身存在的规律，有别于一些"人造"的"找规律"问题，更能引起学生的探究兴趣，当然也引起了许多教师上研究课的兴趣。在一个学期中，我听了几节这样的课，发现在课堂上产生了众多如上述课例中的生成性问题，让教师不知所措。刨根究底，教师"不知所措"的背后是"不知所以"，"不知所以"的背后则暴露了教师相关本体性知识的匮乏。所以，要让教学服人，首先要知识寻根。

一是找到知识之源，解决学生关于"是什么"的困惑。 在前文中，我们已经知道"钉子板上的多边形"的知识之源是"格点图上的多边形"，知道了这一知识原形，"0.5之谜"也就昭然若揭了：只需要把钉子板上围的多边形画到点子图上（如下页图），"相差的0.5"一下子原形毕露——中间黑圈内的点并不在多边形边上，多边形边上钉子数是8而不是9。之所以会产生"一点之差"，就因为在钉子板上用皮筋或毛线围多边形的不精确（围在钉子旁而非压在钉子上）误导了学生。

那么，在教学中，"学科的数学"与"科学的数学"如何两全其美，既照顾到学生兴趣又照顾到知识本质？有一种解决策略是注意研究背景的及时转换：一是在课首，教师用钉子板围多边形引入后，及时把"钉子板"转换成"点子图"；二是在课终，教师介绍皮克定理的时候，及时把"点子图"转换

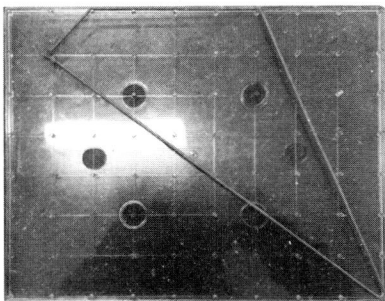

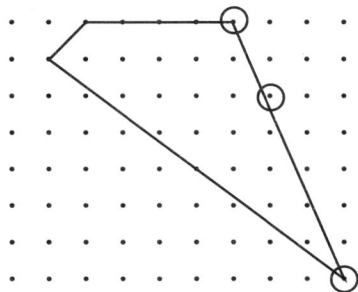

成"格点图"。

"相差 0.5"的问题解决了，我们关注另一个问题——"这是凹多边形，不适用这个规律"，事实真的如老师所说的那样吗？盘根究底，这一问题依然是关于"是什么"的问题。

本课教学确实如教师所说不研究凹多边形，所以教师在提供研究素材中应选择凸多边形。但是，在教师让学生自主研究的过程中，学生完全有可能画出凹多边形。

根据凹多边形的定义"把一个各边不自交的多边形任意一边向两方无限延长成为一直线，如果多边形的其他各边不在此直线的同旁，那么这个多边形就叫作凹多边形"中的"各边不自交"这一要求，不难看出 ⌐ 并非我们所研究的凹多边形，我们一般把它看作组合图形。

根据北京大学出版社出版的由亨斯贝尔格所著的《数学中的智巧》一书中对皮克公式的表述——"设 Y 是一个简单多边形（即不自交的多边形，又称佐敦多边形，因为佐敦曲线定理可以用来证明这样的多边形能将平面分成两个区域，即区内和区外），其顶点均在格点上。若 q 为多边形 Y 内的格点数，p 为多边形 Y 边上的格点数，则 Y 的面积 $=q+\dfrac{p}{2}-1$"，我们不难发现皮克公式适用于简单多边形(按凸性区分，简单多边形分为凸多边形和凹多边形)，那也就是它不仅适用于凸多边形，也适用于像 ⌐ 那样的凹多边形。

二是找到知识之理，解决学生关于"为什么"的困惑。上述课例中，学生的质疑"为什么形内钉子数多 1，多边形的面积也会多 1"，涉及知识"为

"什么是这样"的问题，只不过教师没有意识到，或者意识到但因为自己也不知道，或者知道但考虑到无法跟小学生讲清楚而故意回避。然而，现在学生提出了，教师也就回避不了这一关键性问题。实际上，这个问题是许多学生都能想到的，只是没有机会或没有勇气提出来罢了，因为每一个知识点的学习都会围绕"是什么""为什么""有什么用"这三大问题展开，所以教师在备课的时候应该想到这一问题。

尽管这节课的教学要求只需要引导学生运用不完全归纳法"找"规律，让学生充分经历"找"的过程，但因为"找"到的规律更多的是基于现象"看"到的数字变化——"形内钉子数多 1，多边形的面积也会多 1"，至于"为什么会这样"，学生没能"看"到，心存困惑也很自然。

那么，限于学生的学习水平，在还无法证明给学生"看"的情况下，特别在有学生质疑的时候，教师可以做些什么？

我认为，教师可以在知识的关节处，一方面通过多媒体的动态同步演示（如下图），进行适当的渗透，让学生"看"到随着形内钉子数多 1 之后，多边形多的 1 个面积单位在哪里，从而明白其中的奥秘，消除心头的疑惑；另一方面，教师正好通过这一教学细节的变化设计，润物细无声地由"$a=1$"这一教学环节过渡到"$a=2$、$a=3$……"等教学环节。

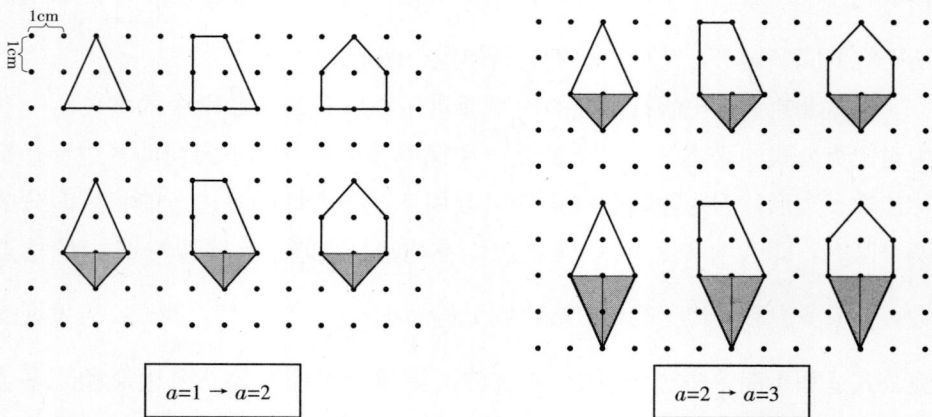

$a=1 \rightarrow a=2$　　　　$a=2 \rightarrow a=3$

三是找到知识之用，解决学生关于"有什么用"的困惑。上述课例中，教师让学生用皮克定理计算钉子板上的多边形的面积后的总结，其用意是想揭示皮克公式的优越性，体现知识"有什么用"。在与学生交谈中发现，学生普遍存在一个困惑：以前已经学过一般平面图形的常用面积公式，也掌握了割补法、数格法，为何还要学皮克公式？

确实，虽然本节课的定位是"找"规律，但找到规律后学生自然会想到"用"规律——皮克公式有什么用，这是人之常情。上述课例中，教师想到了这一点，但没有处理到点子上，学生的嘀咕"数方格也很方便"说明教师所用例子并不典型，我们应该呈现一个用常用面积公式计算且用数格法都显得困难的格点多边形（如右图），让学生真正体会到皮克公式的"有用"。

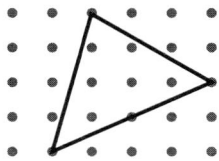

当然，皮克定理作为格点几何中的一条基本定理，更大的用途是常用来证明以及解决用格点法处理的某些数学命题与数学问题，这些学生以后自会明白。

皮克定理给出了格点多边形的面积与格点数之间的计算公式（即皮克公式），用它可直接计算多边形的面积。其实，皮克公式与数格法之间以及与一般平面图形常用面积公式之间的联系也是"紧密"的：如果让格点之间的间隔越来越小，也就是使离散的格点连续化，也就是面积单位越来越小，也就是"微分"，则利用皮克公式就可以求出一般平面图形的面积。

在众多研究课中，教师存在这样的困惑：学生只盯着多边形的边上钉子数，不看形内钉子数。其实，这种学情很正常，因为学生熟记的一般平面图形面积公式中的要素都是边长，例如长方形面积＝长×宽，平行四边形面积＝底×高。教学对策是回到知识的原点——"面积"——把多边形涂色，这样学生就可以清楚地"看"到格点多边形内一个个面积单位——一个个"格子"，而一个个"格子"与形内钉子数有关。

至此，学生明白了皮克定理的知识应用之后，还可能会接续另一个困惑：皮克定理在生活中有什么用？对此，教师可以跟学生讲这样的事例，作为课外阅读。

数年前，国外某次数学会议的主办者，为了增添地方特色，特地邀请了当地的一位林业官员，向与会者介绍一系列有关数学应用在森林工业中的典型例子。其中有一个例子，就是关于如何由森林巡航车从树木的位置确定的地域范围来计算含在其中的多边形的面积。其具体方法是用一张画有由树木构成点阵的透明薄膜覆盖在多边形地域图上，再根据多边形边界上点数的一半加上多边形内部的点数，从而得出多边形的面积。

讲完这个故事，教师可以让学生思考这样一个数学问题：这位林业官员的计算方法会存在误差吗？为什么？

综上所述，虽然"钉子板上的多边形"的教学内容只需要"找规律"，教学形式也比较有趣，但深处隐藏的"钉子"很多，会时不时在课中冒出。而教师碰到问题时，应向问题学习，了解问题的本质，这样才能正确、轻松地应对课中学生的意外生成。

36 熟悉的地方没有风景?

"望": 病例观察

[病例1]

有这样一题: "街心花园中圆形花坛的周长是 18.84 米, 花坛的面积是多少平方米?" 学生一般用 "$3.14 \times (18.84 \div 3.14 \div 2)^2$" 来计算。某次, 有一名学生用 "$(18.84 \div 2) \times (18.84 \div 3.14 \div 2)$" 来计算时, 学生面面相觑, 不知所以, 继而哄笑, 以为其错。

还有这样一题: "如图, 已知直角三角形面积是 5 平方厘米, 求圆的面积。" 学生认为圆面积无法求出, 因为圆的半径无法得出。他们看不出可以这样解答: 因为 "$r \times r \div 2 = 5$", 所以 "$r^2 = 5 \times 2 = 10$(平方厘米)", 由此可求出圆面积为 "$\pi r^2 = \pi \times 10 = 31.4$(平方厘米)"。

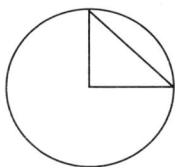

[病例2]

有这样两题: "如果一艘船上装有 35 只羊和 25 头牛, 那么船长的年龄是多少?" "某工厂共有 2 吨煤, 第一周用去它的 $\frac{3}{8}$, 第二周用去它的 $\frac{1}{4}$, 还剩它的几分之几?"

许多学生用 "$35 + 25$" 计算前例, 用 "$2 - \frac{3}{8} - \frac{1}{4}$" 计算后例。就因为学生太熟悉了 "完美" 式的数学问题, 条件和问题匹配, 不多也不少, 所以他们看到教师提供的数学题目, 马上就联想到怎样用运算符号进行 "组装", 而很少考虑其中的事理和算理是否合理。

[病例3]

有这样两题: "如图, 张大伯利用一面墙用篱笆围一块长方形菜地。求篱笆的长度。" "在一张比例尺 1 : 2000 的地图上量得两地之间的距离是 4.8

厘米。如果改画在比例尺是 1 : 4000 的地图上，可量得两地之间的距离是多少厘米？"

学生基本上用"（6＋4）×2－6"计算前例，而不用"6＋4＋4"这样较之简便的解法；用"4.8÷（1：2000）×（1：4000）"计算后例，而不用"4.8÷2"这样较之简便的解法。就因为学生太熟悉了长方形的周长计算公式，他们看到与长方形周长有关的题目，脑中就会自动跳出公式，直奔主题，于是就产生了这种结果。如果学生能不囿于结论，放慢"脚步"，细细欣赏，完全能够领略到一番别样的"风景"。

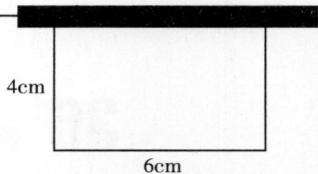

"切"：病理诊治

"谁没见过马""谁没见过月亮"，这是两样再普通不过的东西，大家都不觉得新奇。"马儿怎样跑""月儿怎样弯"，这又是两个再平易不过的问题，许多人却不容易答出来。

"圆面积怎么求"，学生能把计算公式倒背如流。"圆面积为什么可以这样求"，许多学生却答不上来。他们认为熟记圆面积计算公式就可以解决问题，何须记其缘由。

在上述病例 1 中出现的问题是：一是教学圆面积计算公式时有一个推导过程，学生在过程中悟得结果。然而熟视这个结果后，一旦有人"回溯源头"，却不识其本来面目。二是学生在大量练习由圆的半径求圆面积的题目后，他们的眼中似乎只盯着圆面积计算公式中的"r"，而无睹"r^2"，自我封闭了通向"罗马"的其他途径。

学生熟视无睹是因为心不在焉。心理学叫"缺少注意"。观察，包括科学观察，都以注意为前提。那么，为什么学生会心不在焉、缺少注意呢？

病理一：所示材料对观察者缺乏"刺激"，观察者无"趣"顾及。 有人曾对一对住在森林公园里的夫妻羡慕不已，因为公园里有清新的空气，有大片的杉树、竹林，有幽静的林间小道，有鸟语花香。然而，当这对夫妻知道有人羡慕他们的住地时，却神情诧异。他们认为这儿没有多少值得观光和留恋的景致，远不如城市生活有趣。熟悉的地方没有风景。这对夫妻对这儿太熟悉了，花草树木，清风明月，在他们长久的日子里，已成了不是风景的风景，变得习以为常了。

在上述病例 2 中出现的问题是：大量机械、单调、枯燥的练习虽能令学生达到"熟"的目的，但正是因为"熟悉"，学生可能就"一扫而过""凭着感觉走"，造成失误。"熟悉越多，失误越多"也就不足为奇了。这种情形极容易导致学生"熟能生厌"的"病态心理"。

对此，我们可以开出这样的"药方"：一方面，教师要在平时教学中加强学生"明眼"训练，提高学生"视力"，让学生能时时处处"明察秋毫"；另一方面，教师要优化材料的组织状态，改"老面孔"为"新面貌"，引起学生的注意，激起学生的兴趣。我们至少应做到：（1）改一种"烧法"为多种"烧法"——改变呈现方式。我们不要总以一种方式，例如填空题，来呈现某一知识，不妨经常变换呈现方式，例如采用判断题、选择题、图文应用题等。（2）改一种"作料"为多种"作料"——增加开放题。我们既可以在形式上把原有题目改编成条件开放、问题开放或策略开放等开放题目，还可以在内容上把原有题目改编成生活开放题目等。总之，教师要努力创设新奇的"风景点"，让学生感到每一次练习都有新意，达到"感动过你的知识仍能感动你，吸引过你的知识仍能吸引你"的效果，从而让学生步入"熟能生趣"的境界。

病理二：所示材料令观察者直奔"目的"，观察者无"暇"顾及其他。 法国有一条通向阿尔卑斯山的小路，路旁插着一个十分醒目的标语牌，上面写着："慢慢走，欣赏啊！"据说这是一位饱经沧桑的老人在提醒行路者：不要只为欣赏山顶风光匆匆向前，却忽略了道路两旁的风景。不妨放缓脚步，细细品味一下此刻属于你的一切。熟悉的地方没有风景。熟悉路线的行路者可以一鼓作气地登上山顶，无须像初次上山者那样在摸索中前进，因而也就忽略了路上可能变化着的风景，仍以为一切是"未变"的、"熟悉"的风景。

上述病例 3 中出现的问题是：过分强调结论的标准化、最优化，反复操练，只能越来越冲淡学生原有的过程体验，从而缩小学生的思考空间，把目光局限于结论，反而有可能使学生的理解力和思考力下降，甚至连一些简单的问题的解决都要"绕弯子"。

对此，我们可以开出这样的"药方"：一方面，教师在平时教学中加强学生"活眼"训练，开阔学生"视野"，让学生能时时处处"关注全程"；另一方面，教师要优化材料的展开状态，改"偏结论"为"重过程"，加强学生的探索，增强学生的体验。我们应至少做到：（1）对过程，让学生有"成功的路不止一条"的感受。我们在教学过程中要充分放开学生的手脚，让他们主动地参与目标的"测探"及结论的"创造"。（2）对结论，让学生有"透过开满鲜花的月亮"的想象。我们要鼓励学生能透过结论看到"过去"，能透过结论看到"未来"，有时要"退一步"来思考问题，或许能从其形成过程中找到捷径，有时要"进一步"来思考问题，或许能从其发展趋向中发现创新。总之，教师要努力创设"师者遥指杏花村"的亮丽"风景线"，让学生感到每一次练习都是探索，达到"走过的，再回头慢走，仍能有所感叹；看到的，再放眼远望，仍能有所发现"的效果，步入"熟能生巧"的境界。

最后，"药效"预料如下："添油加酱"，诱发学生"食欲"；"细嚼慢咽"，诱发学生"回味"。这样，熟悉的地方也会有风景！

37 这么多学生错了，能怪学生吗？

五年级数学调测中有这样一题："小红买了一本童话书，每 2 页文字之间有 3 页插图。如果这本书有 158 页，而第一页是文字，这本童话书共有插图多少页？"

教师在批改试卷时发现，全年级有 67％ 的学生是这样解答的：

$158÷5＝31$（组）$……3$（页）

$31×3＋2＝95$（页）

而此题的正确解答是"$158÷4$"。在批改中，许多教师唉声叹气："真不动脑筋！"其实，这类错误在往届学生中也屡屡发生。为什么会有这么多学生出现上述错误呢？这种错误是否体现了学生对某些数学概念的掌握存在着缺漏？错误的产生是不是隐含着某些共性的原因呢？这么多学生做错，这都怪学生吗？

"问"：病历记录

教学实践告诉我们，学生产生错误的原因是多方面的，但往往是由于学生在数学知识的表征、数学模式的识别以及数学学习的自我监控等过程中主客观不一致的矛盾所导致的。就本题而言，经过对学生的访谈，我们发现学生产生错误的原因大致有以下几个方面。

一是概念理解的模糊。学生在解答本题时纷纷除以"5"，产生错误的主要原因是学生没分清本题周期现象中的"组数"与周期"内部构造的序列"。回顾以往的教学，苏教版五年级上册"找规律"一课，教材主题图（如下页右图）采用了两个一组的节日盆花的情境，由于两个一组的周期规律内部构

造比较简单，学生轻而易举就得到了结果，注意心向根本不会聚焦到周期规律的"组"与"序"这两个关键要素上来。虽然接下来教材由易到难，拓展到研究三个一组、四个一组的周期现象，但是学生对概念本质的感悟体验始终浮于表面，不够深刻。由于问题表征受个体数学知识背景的影响比较大，因此，一遇到稍有变化的问题，学生自然招架不住了。

二是思维定式的局限。学生在以往四年多的学习经历中得出的经验，解题就是根据题目中已有的数字进行加减乘除。"找规律"单元中所涉及的练习题，也是如此，对于参与计算的被除数和除数，要么以直观图的方式呈现，要么在文字信息中直接告知。缺乏挑战性的单一训练封闭了学生思维的空间，最终导致"熟能生笨"的结果。本题脱离了直观的素材图，在解答过程中，学生一看到"每2页文字之间有3页插图"这一信息，习惯性地把"2"和"3"相加作为周期数进行错误表征，缺乏透过数字表面去深究其背后真实含义的意识。

三是策略教学的割裂。数学问题解决的成功与否，与学生的解题策略有很大的关系。在平时教学中，重结果而不重过程，重结论而不重方法的现象依然存在。教师习惯于让学生追求"是什么"的知识，对于"为什么"和"有什么用"的知识比较忽略。通过学生访谈得知，许多学生一拿到题，完全没有考虑使用策略，或者采用了相对无效的策略，正是这样漫不经心导致了错误的发生。虽然这道题目属于"找规律"单元的知识，但与"解决问题的策略"单元的知识脱不了关系，而教师的画地为牢、就事论事的教学方式使学生不太注意或不太在意不同领域、不同板块知识之间的联系，例如对这道题目，学生就没能够想到之前学过的"画图"这种解决问题的策略，把文述转变成图解，寻找到支撑来事先进行求解或事后进行检验。

"切"：病理诊治

从全年级有 67％的学生发生相同的错误，反映出学生在数学知识的表征、数学模式的识别以及数学学习的自我监控等方面有相同的出错机制，教师应该引起足够的重视，积极改进教学方式，帮助学生防错纠错。为此，我们提出如下教学建议。

一是概念教学凸显核心。教师要认真解读教材，新课教学要让学生经历概念发生发展的过程，对于学生中的典型错例，要建立错题档案，并结合教学进度进行前馈控制，让学生认识概念的不同特征和不同侧面，能根据具体问题改变认识角度。

周期规律这一单元的教学分两课时进行。第一课时主要根据余数对周期规律第几个做出判断；第二课时研究各类图形的总个数。要研究周期现象中的规律，关键是要实现算法化，即把要研究的总个数、周期的"组数"、"内部构造序"这部分要素与除法算式中的被除数、除数、商和余数一一对应，建立意义上的实质性联系。为缩小情境与本质之间的缝隙，新授探微环节，不妨直接从几何图形入手，先选择具有代表性的三个一组的周期现象入手，让这类现象的材料并联呈现，让学生在同与不同的体验中充分理解以下问题："所求的个数不同，为什么都除以 3？""总个数相同，除数也相同，为什么最后一个图形却不同？"让学生在现象与算法间来回穿梭，凝练概括出周期现象的核心要素"组"与"序"。在此基础上类比迁移到研究其他周期现象。探究规律时，围绕"第几组的第几个"这一问题，引导学生精确定位，深入体会，并能进行实践验证，把逻辑推理与直观印证紧密结合，培养学生思维的严密性。

二是练习设计加强变式。思维定式的消极影响具有持久性，很难在新授课后完全消除，要想真正克服其消极影响，需要持续的强刺激。教师可根据学生思维和认知发展的变化，即时地、有目的地、有重点地设置动态变化的外部情境，通过追溯概念的内在知识脉络，让学生连贯地反思自己理解上的不足，不断推动理解向纵深发展。

在此，教学中不妨设计"打祖玛游戏珠子"的环节：第一层次，珠子以 2 颗黑珠 3 颗白珠顺序呈现（如下页左图）；第二层次，打掉开头的 2 颗黑珠后，剩下的珠子以 3 颗白珠 2 颗黑珠顺序呈现（如下面中图）；第三层次，打出了 1 颗白珠，卡在位于第一段中 2 颗黑珠之间（如下面右图）。

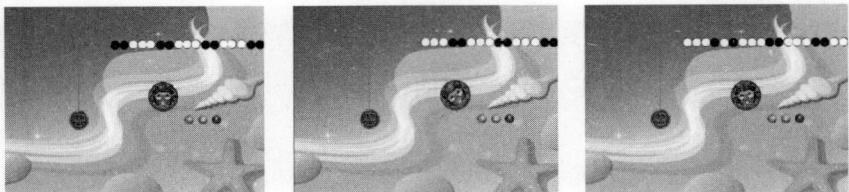

虽然游戏分三个层次展开，但是在每一个层次上都提出同一个问题："第25 颗是什么颜色的珠子？"学生在变与不变中，深刻理解到周期规律不仅和每组的个数有关，而且和内部构造的序有关。第三层次的问题，让学生的解答具有了开放性：①（如下面左图）25－6＝19（颗），19÷5＝3（组）……4（颗）；②（如下面中图）25－5＝20（颗），20÷5＝4（组）；③（如下面右图）25－1＝24（颗），24÷5＝4（组）……4（组）。条条大路通罗马，构造不同的周期，得出结论一致。

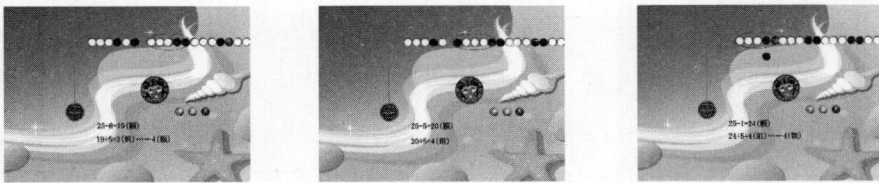

教学实践表明，对那些在理解题时容易受思维定式影响的题目进行多角度的变式组合，指导学生进行针对性、比较性练习，就能够实现既促进正向迁移，开阔解题思路，防止思维呆板，又排除负向干扰的目的。

三是思考问题注重序列。在主体面对问题时，一般总是通过观察弄清问题，抓住事物的特征进行广泛的联想，检索信息和回忆已储存的信息，即凭借已有的知识经验，做出直觉性的理解和判断，并以此来选择解决问题的总体思路或入手方向。这时，解决问题的策略对信息的正确表征将起到十分重要的作用。

如在这道"找规律"题目的解答中，要凸显"找"这一策略，而要能够正确找出隐藏其中的排列规律，很多时候离不开"画一画"和"圈一圈"等解决问题的策略，而不是看到几个数字就只想到"算一算"这条解答问题的捷径。而要使学生做到策略意识的自动勾连，就需要教师在平时"找规律"的教学中，放慢"找"的步伐，突出"找"的策略，让找规律思考程序的三部曲能够在学生头脑中格式化——

"一画"，如：文图图图文图图图文……

"二圈"，如： 文图图图 文图图图 文……

"三算"，用除第几个，最后算出总个数。

有图有真相。上述"一画、二圈、三算"思考程序，使问题变隐性为显性，十分有利于学生明白事情的"真相"，洞察事物的正确构造，从而避免出错，同时还可以弥补学习中的知识漏洞，培养学生多种知识"联合作战"能力。经常进行这样程序性知识的培养训练，学生能够形成有效的智慧技能，进入自主学习的状态，能独立按照一定的程序，有效地进行学习和解决问题。叶澜主持的新基础教育实验研究非常注重让学生形成学习活动程序，尤其是课堂学习活动程序。学生一旦掌握了课堂学习活动的程序，便能主动地投入课堂学习活动，教和学的融合很大程度上在这一过程中得以实现。

总之，上述这道试题的出错，不能都怪学生，我们首先要问一问学生，从学生身上找原因，然后也要问一问教师，从教师身上找原因。我们想说，教师的优教才能实现学生的优学。

38 "个数乘个数，结果怎么会等于种数？"

"望"：病例观察

"事物搭配的规律"这一教材例题的情境图是木偶搭配帽子（如下图），一位教师是这样教的——

小明可以有多少种选配方法？

师：小明就要过生日了，妈妈要送他一件礼物，小明来到玩具柜台旁（出示挂图），小明要买一个木偶，再配一个帽子。像这样一个木偶配一个帽子，我们就叫搭配。柜台上有三种不同颜色的木偶和两种不同颜色的帽子，小明在思考买什么颜色的木偶配什么颜色的帽子好看，请同学们给他提些建议好吗？

师：刚才几个同学的主意都不错，那同学们能不能有序而又不重复地把所有的搭配方法都找出来，让小明自己去选择呢？请同学们拿出老师事先发给你们的木偶和帽子的图片，动手搭配一下。

反馈汇报时有两种搭配思路：A. 先选帽子再配木偶；B. 先选木偶再配帽子。

……

师：把木偶增加到 4 个，一共有多少种不同的搭配方法呢？8 个、50 个呢？

师：如果帽子增加到 3 个，又有多少种搭配方法呢？5 个、100 个呢？

教师根据学生的回答完成表格：

木偶个数	帽子个数	搭配种数
3	2	6
4	2	8
8	2	16
50	2	100
3	5	15
3	100	300

师：观察表格中数据，木偶的个数和帽子的个数与有多少种搭配方法之间有什么关系呢？

生：木偶个数×帽子个数＝搭配种数。

师：这就是搭配的规律。

……

在练习环节，教师出示题目："如果木偶和帽子一共有 12 种搭配方法，那么你知道可能有多少个木偶和帽子吗？"一名学生答道："6＋6＝12，……"教师未等她说完，便指着板书提醒这名学生："木偶个数×帽子个数＝搭配种数，应该从乘法上想。"谁知这名学生甚是困惑地问道："个数乘个数，结果怎么会等于种数啊?"……

"问"：病历记录

我们暂且不论学生"个数乘个数，结果怎么会等于种数？"这一困惑，它涉及的是教师的教法问题。我更多地对这名学生"6＋6＝12"的回答产生好奇，隐约感觉到它的背后可能有着没有说出来的"故事"，很想知道她的答案到底是怎么来的，真的是教师所认为的不理解吗？

课后一问才知道，她的"6＋6＝12"如果说完整应该是"6 种＋6 种＝12 种"，于是，我接着追问："如果是这样，那可能有多少个木偶和帽子呢？"她说出了课上没来得及说出的最终答案："可以是 2 个木偶、6 个帽子，也可以是 6 个木偶、2 个帽子。"原来她是会做题的，只是不理解"个数乘个数，结果怎么会等于种数？"这一知识在形式上的矛盾，这一问题其实也就是知识的本质问题，她隐约感觉到了，只是教师没感觉而已。

"切"：病理诊治

我们常说"有理走遍天下"，知识学习同样如此。学生懂道理，知识才会学得深刻，学得牢固，而要让学生成为得道之人，教师就必须懂得讲道理。上述课例中，学生的质疑"个数乘个数，结果怎么会等于种数啊？"道出了学生对知识理解得不深刻的问题，分析教学过程，我们可以发现学生的一知半解是因为教师教学的浅尝辄止，教学没有挖到知识的本质。

从教学结果上看，学生似乎根据相关条件的数据特点顺利地找到了搭配的规律——"木偶个数×帽子个数＝搭配种数"，教师也似乎圆满地完成了教学任务。然而，整个教学，规律的得出，学生更多的是从数据的特点上找出来的，或者说是把数据"搭配"出来的，从中发现搭配的种数恰好等于木偶个数与帽子个数的乘积，并在众多例子中得到了证实。

想想做做

1.

少年宫
街心花园
学校

小华从学校经过街心花园到少年宫，
一共有几条路线可以走？

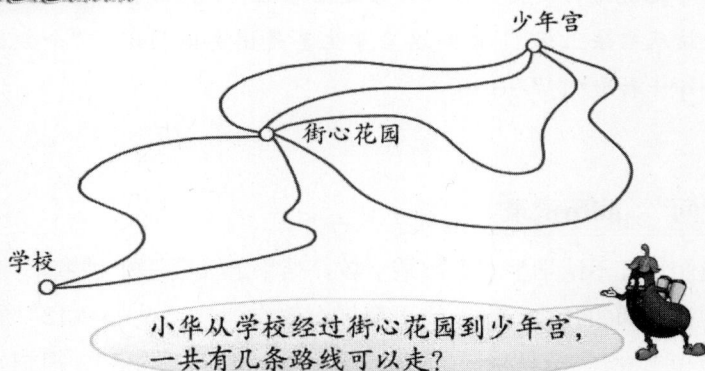

在此值得一提的是，课中这些例子都处于同一情境中，缺乏普遍性。规律的发现与概括需要"大数据"，一是指观察素材数量足够多，二是指观察素材范围足够广，能够体现事物的多样性，所以，理想的教学是，增加其他情

境，例如配衣、配餐、配人等，另外除了像例题那样所呈现出来的离散量，我们还应该注意素材的另一种形态，例如教材"想想做做"（如上页图）中线路搭配所呈现出来的连续量，从而多方面、多角度地归纳出"一种事物个数×另一种事物个数＝搭配种数"这一更抽象的规律，这样得出的规律更完整，也更可信。

不过，这些素材虽然更多地会从生活情境引入，但一旦成为数学研究材料，就应该区别于生活，避免受到非数学本质因素的干扰。例如上述课例中，教师说了这么一句话——"小明在思考买什么颜色的木偶配什么颜色的帽子好看，请同学们给他提些建议好吗？"，其中"好看"问题就很容易让学生陷于生活的泥潭，对此纠缠不清。此处，教师把问题直接指向"有多少种搭配方法"这一数学问题比较妥当。

固然，本课的教学是要让学生发现数据表面隐藏的规律，从而找到一种容易操作的数学公式，便于学生运用规律去解决问题。但在得出这一算法之前，我们是否要让学生知道其中真正的算理呢？答案是肯定的，因为算法要建立在算理之上。以 2 个木偶与 3 个帽子搭配为例，如果从木偶出发，1 个木偶与帽子就有 3 种搭配方法，那么 2 个木偶就有"3 种＋3 种＝6 种"搭配方法；如果从帽子出发，1 个帽子与木偶就有 2 种搭配方法，那么 3 个帽子就有"2 种＋2 种＋2 种＝6 种"搭配方法，它们都可以用"3×2＝6（种）"这一乘法算式表示。换一句话说，搭配规律的得出需要建立在"搭"与"配"的基础动作上（配合搭配动作，我们的语言可以采用"谁'搭'谁'配'成一种"这样的表述方式），也就是不仅要让学生从数据上找规律，还要让学生从活动中找规律。

教师在教学过程中如果能够从知识的本质出发，讲清上述规律蕴含的道理，这样的教学才是建立在知识意义上的教学。在教学过程中，教师应该把算理清楚地反映出来，不能轻描淡写，我们可以把表示思路的算式补在搭配种数之前（如下页表），这样就把算理固定下来，然后指导学生去寻找数据中的规律，从而发现一种简捷的解决问题的数学模型。此时，学生对"木偶个数×帽子个数＝搭配种数"的理解就不会产生异议。

木偶个数	帽子个数	搭配种数		
3	2	3＋3 2＋2＋2	3×2	6
4	2	4＋4 2＋2＋2＋2	4×2	8
……	……	……	……	……

由此可见，本课"找规律"的教学，不仅要指导学生找到知识形式上的规律，还要指导学生找到知识本质上的规律。

上述课例中，那名学生"6＋6＝12"的回答，虽然没有一下子点到答案，但恰恰点到了知识的精神所在，也就是算理，教师不应该被表象迷惑，认为这种回答不正确。此时，教师不能心急，而应该耐心地听学生把话说完，这样才能知道事情的真相，之后再去引导学生根据所表达的意思，把"6＋6＝12"转化成"2×6＝12"。

上述课中，之所以学生能够有此一问——"个数乘个数，结果怎么会等于种数?"，还得感谢这一教材的特殊性——算法与算理不"搭配"，搭配规律的算法可以"跳过"算理，直接看事物个数就可以算出结果，正是算法与算理的"脱离"状态让学生产生了困惑，才促使教师反思教学中存在的问题。

在教学中，教师把操作的目的大多定位在了为了找出结果——"一共有多少种搭配方法"，至于指导学生有序搭配也只是为了让学生能够更正确、更快速地得到搭配的结果，也就是说操作方法的有序性只是为了操作行为的有效性。

虽然操作的有序性也是教师需要教会学生的一种思考方法，但在"讲道理"的知识教学中，操作的如此定位还没有实现价值的最大化。我们应该看到，有序搭配还可以让学生更容易得出反映算理"2个3种"或"3个2种"的算式"3×2"，如果教师能够看到这一操作活动所蕴藏的深意，那么学生对规律意义的深刻理解就更加容易水到渠成。换一句话说，教师不应该只追求"配"的结果，也应该注重"搭"的过程，从而使算法与算理能够无缝"搭配"。此时的操作就不再是为操作而操作，而是为意义而操作。

总之，学生的学习要深刻，教师的教学就要深入。教学之道不仅仅只是让学生知道走向知识的道路，还要让学生知道知识中蕴藏着的道理。学生得道了，对知识的掌握也就能够得心应手。

另外，教学之道还要让学生知道知识学习的道路，除了掌握对知识的算法，还要掌握对知识的学法。本课属于找规律的教学，那么学生就应该知道找规律的一般方法，其中以少见多、以小见大是研究问题的常规思路。由此，教师可以一开始就抛出"大数据"——成百上千个木偶搭配成百上千个帽子这样的"大问题"，让学生无从下手，自觉想到从简单问题开始研究，看一看有没有规律，如果有规律，是怎样的规律，从而解决问题。如果基于这样真实的科学研究设计本课，那么就能够实现学生的自主学习，教学起点和教学行程都可以让学生自己确定，例如学生会从最简单的一一搭配、一二搭配、一三搭配等问题开始，发现没有研究的价值，接着就会主动增加到二二搭配、二三搭配、二四搭配等，以及三三搭配、三四搭配、三五搭配等，从纵横两个方向进行研究素材的不断拓展，当研究素材足够多，直到学生"满足"为止，学生就会自动转入知识的抽象概括程序，总结出规律。

39 这道习题，学生为啥不肯——列举？

一位教师教学"解决问题的策略（——列举）"例题时（如右图），先让学生随意列举，在巡视中，选择展示有遗漏的学生作品，引导学生有序列举。然后，教师让学生在下发的一张 5 列空格表中——列举。反馈时，教师选择从长为 10 到 6（如下面第 1 个表）开始列举的学生进行展示。而我看到，许多学生是从长为 1 到 5（如下面第 2 个表）开始列举的。

王大叔用 22 根 1 米长的栅栏围一块长方形花圃，怎样围面积最大？

长/米	10	9	8	7	6
宽/米	1	2	3	4	5
面积/平方米	10	18	24	28	30

长/米	1	2	3	4	5
宽/米	10	9	8	7	6
面积/平方米	10	18	24	28	30

新授结束，教学进入练习环节，当屏幕上出示教材安排的这样一道习题时（如下图），不知道是教师出于疏忽还是认为不重要，竟然遗漏了习题后面括号里用红色标注的要求——"先填表，再回答"。

学校食堂某天中午供应的荤菜有3种，素菜有4种。小洪选1种荤菜和1种素菜，一共有多少种不同的搭配？（选填表，再回答）

今日供应

红烧鱼	炒青菜
炸鸡腿	烧茄子
牛 排	拌黄瓜
	炒包菜

鱼	鱼	鱼	鱼	鸡腿					
青菜	茄子	黄瓜	包菜						

在学生埋头列举时，教师发现平时表现不错的一名女生却不动笔，"呆坐"着，教师关切地问："你怎么了？是不是身体不舒服？"谁知这名女生不解地说道："这道题，不是以前学过的一一搭配吗？只需要 $3 \times 4 = 12$ 就可以很快地算出来了！"同学们一阵骚动，教师愕然，呆了一会儿，猛然发现自己漏掉了习题要求，急忙补上后说："注意：教材要求一一列举！"这名女生噘着嘴怏怏坐下⋯⋯

"问"：病历记录

课后，我找来三个学生代表进行了一番交流。

首先问从 1 开始列举的学生："你是怎么想到从 1 开始列举的？"

他答道："探索问题的时候，不是从最小的开始研究吗？"

接着问从 10 开始列举的学生："你是怎么想到直接从 10 开始列举的？"

他挠着头不好意思地说道："书上看到的。"

最后问那个用乘法计算的女生："你为什么选择用乘法计算呢？"

她振振有词："这道题要求'一共有多少种不同的搭配'，用一一列举反而麻烦啊！"

⋯⋯

问完学生，我转而问上课教师两个问题：

一是"对学生作品，你为什么有选择地展示？"

上课教师理由充足："从 10 开始列举，这是教材写着的。"稍顿，接着说道："何况'长＝1，宽＝10'，这种说法多别扭啊！所以教材上要从长到短来列举。"

二是"对学生意见，你为什么消极地处理？"

上课教师有些心虚："用一一列举的策略解决问题，这是教材要求的。只不过我忘了打上题目要求了，呵呵。"

⋯⋯

"切"：病理诊治

本节课的教学目标是使学生经历用一一列举策略解决实际问题的过程，能通过有序列举找到符合要求的答案，感受到一一列举的特点和价值，进一步发展思维的条理性和严密性，培养列举能力，发展列举技巧。

在备课时，我们需要注意的是，这一教学内容已经是五年级教材中的内容，所以在教学方式的选择上，教师应充分考虑学生"已有了什么"。对照上述教学片段，我们可以发现教师的"要"与学生的"有"之间至少存在着以下三大问题。

问题片段一：在教学例题时，教师大多循着条件到问题的路线开始一一"列举"出各个知识点、思维点以及注意点：首先由条件"1米长的栅栏"，让学生注意所取数据应为整数，然后由条件"22根1米长的栅栏"，让学生想到围成的长方形周长为22米，最后由问题"面积最大"，让学生知道最后比的是面积，并知道面积在发生着变化。

根据五年级学生的思维特点，在指导解决问题的策略时，教师的教学要求应更多地侧重"执果索因"的分析法。也就是对本节课的例题，可以让学生从条件想起，但更应看重从问题想起，由"面积"让学生想到决定长方形面积的两个要素"长"和"宽"，从而在周长不变的情况下，一一列举出长和宽的相应变化来求出面积的变化。

问题片段二：在教学例题时，许多教师会像课例中的执教老师那样，先让学生随意列举，然后寻找一些无序列举的学生作品进行展示，再引导学生有序列举。其实，有序思想在学生以前的学习活动中（例如从低年级的"认数"到刚学不久的"因数和倍数"）无时无处不在，并非新知识。众多知识都或隐或现地反映着有序思想，可以说，有序性是数学学科的特征之一，也是数学研究的方法之一。所以，本课教学时，我认为，教师不妨基于学生的"已有"直接指明方向："当列举比较多的围法时，我们怎样可以做到不重复、不遗漏?"引导学生自觉调用经验，直接进行有序列举。我认为，给方向比给方法重要，因为有了方向，就有了方法。

如此，学生的学习也就不会被教师牵着走，也就不会出现本课教学中教师对学生的"强求"——必须像教材上那样从10开始列举，而会尊重学生的原始思维，从最小开始一一列举，例如假设长为 1 米，通过"（22－1×2）÷ 2"求出宽为 10 米……。至于教师担心的——"'长＝1，宽＝10'这种说法多别扭啊！"，其实无须担心，因为"长"与"宽"是相对而言的，只是区别的名称而已，"长"未必要长。如果学生产生疑问，教师可以就此解释，当然也可以以长为"长"，此时只需把"长"改成"宽"即可，由此可见，这并不是"教材上从长到短来列举"的根本原因。

在发给学生用于一一列举的表格中，教师不妨改变教材所示样式，增设"周长"一栏（如右表）来记录学生的思考过程和思考结果，这样更有助于学生从"不变"中去列举出"变"。在反馈时，教师再引导学生采用另一种思路"22÷2＝11"，然后通过 11 的分成来一一列举，这样就可以转接到教材从 10 开始列举这一思路。

周长	长	宽	面积
22			
			……

学生顺着原始思维，从小到大列举到 5 的时候，会发现接下去就会出现重复，从而自动停止列举。由此观察上述课例，教师也并没有给学生解释为什么只列举到 6 的原因。另外，教师发给学生正好有 5 列空格的表让学生填空的做法，明显带有暗示性和包办性（教师并没有站在学生立场，学生在列举前不知道只有 5 种情况），正确的做法是：表格的空格列数不应该恰到好处，要么多几列空格，要么少几列空格，或者干脆让学生有一种情况画一列空格。

问题片段三：也就是本文标题所反映的问题——"这道习题，学生为啥不肯一一列举？"。从教学现场可以看出，上课教师在备课时根本没有想到这样的题目学生以前在学习"搭配规律"时已经有过，没想到会有学生发现用原有方法"3×4＝12（种）"解决问题更容易。

教材上这道习题问题之后的括号中注明了要求——"先填表，再回答"，由此可以看出教材意图是让学生"拿着新船票登上旧客船"，用新学知识解决老问题，体会之前学的"一一搭配"与今天学的"一一列举"方法之间的联系。然而，遗憾的是，教师不懂编者的心，在出示这道习题时不小心漏掉了括号中并非可有可无的要求，结果就出现了课中那名女生的"不配合"和"不买账"。出现这种状况，不能怪学生不懂教师的心，课例中教师强行把学生拉回教材的处理方式，恰恰暴露出教师不懂学生的心。如果教师具有策略意识和战略眼光，就会趁机"借题发挥"，抓住学生真实的学习反应，肯定学生的想法，并引导学生进行比较，从而让学生明白"用一种特定的策略解决问题，并非总是最优的"这样一种辩证思想，从而提升教学境界，为全课添上精彩一笔。

然而，在现实教学中，这节课，教师大多只想到策略的优越性，而想不到策略的局限性。如果想到了，也抱着"多一事不如少一事"的心理，不愿意去捅破，这样只会造成学生的认识不全面甚至不正确。有意思的是，课例中教师的疏忽，却换来了这样的契机，可惜教师没有能够"因祸得福"，造福于学生，让这一生成资源没了意思。

如果没有教师的疏忽，也没有学生的质疑，对这道习题，教师可以有两种处理方式：一是完整出示习题要求，让学生必须使用新方法数出种数，然后再比较新（一一列举）旧（一一搭配）两种方法，从而明白也可以用旧方法直接算出种数；二是把习题原来的问题"一共有多少种不同的搭配？"改成"一共有哪几种不同的搭配？"，迫使学生只能运用新方法解决问题，把结果一一列举出来。

2. 有 A、B、C 三个网站，分别是每两天、三天、四天更新一次。某月 1 日三个网站同时更新后，到这个月 15 日，哪几天没有网站更新？哪一天三个网站同时更新？（先在下表里画一画，再回答）

日　期	1	2	3	4	5	6	7	8	9	10	11	12	13	14	15
A 网站	✓		✓												
B 网站	✓			✓											
C 网站	✓				✓										

好的教学应该能够瞻前顾后。我们除了可以利用教材这一道习题"向前（已经学过的知识）看"，让学生看到用一一列举策略解决问题可能存在的局限性，我们还可以利用教材另一道习题（如上图）"向后（还没学过的知识）看"，在学生用一一列举策略解决问题之后，顺便把题目中的天数加大，让学生体会到一一列举的麻烦，在此教师趁机告诉学生："以后学了最小公倍数知识，不用一一列举，就可以轻松算出结果。"这样做，学生的认识才会不断

"进步"，并最终明白，随着知识的不断"进步"，解决问题的方法也会不断"进步"，且会逐步形成这样的策略意识和策略判断：首先考虑"能不能"（用——列举策略解决问题），然后考虑"要不要"（用——列举策略解决问题）。

大多数人在面对像例题那样"变化着"的问题时，在没有找到新办法或获得好办法之前，首先想到的就是一一列举这种"笨办法"。但我们并不能因此而否定一一列举作为解决问题策略的作用，因为在特定情境中，例如在面对教材的又一道习题（如下图）时，这种"笨办法"可能是解决问题的好办法。

3.小芳有下面4枚邮票，用这些邮票能付多少种不同的邮资？

总之，不管有没有像课例中那样的生成，我们都应该通过本节课让学生形成这样的策略认识：策略是活的。而要达到这一教学境界，我们就必须把策略教活。

对这节课，我们还可以继续放大其教学价值，例如学生发现长与宽的数据越接近，面积变得越大，由此可以引导学生猜想——"是不是当长与宽相等的时候，长方形变成正方形的时候，面积最大"。对此，我们可以把例题中的数据"22 根 1 米长的栅栏"改成"20 根 1 米长的栅栏"或"24 根 1 米长的栅栏"，引导学生继续探究验证猜想，从而建构完整的认识。

如果继续延伸本课内容，我们还可以让学生探究借用一面墙壁如何围使面积最大问题。

为了励志，课后我们不妨让学生读读这样的故事，让学生既巩固知识，又增长见识。

小欧拉回家后无事，他就帮助爸爸放羊，成了一个牧童。他一面放羊，一面读书。他读的书中，有不少数学书。爸爸的羊群渐渐增多了，达到了 100 只。原来的羊圈有点小了，爸爸决定建造一个新的羊圈。他用尺量出了一块长方形的土地，长 40 米，宽 15 米，他一算，面积正好是 600 平方米，平均每一只羊占地 6 平方米。正打算动工的时候，爸爸发现他的材料只够围 100

米的篱笆。若要围成长 40 米，宽 15 米的羊圈，其周长将是 110 米（15＋15＋40＋40＝110）。爸爸感到很为难，若要按原计划建造，就要再添 10 米长的材料；要是缩小面积，每只羊的面积就会小于 6 平方米。小欧拉却对爸爸说，不用缩小羊圈，也不用担心每只羊的领地会小于原来的计划。他有办法。爸爸不相信小欧拉会有办法，听了没有理他。小欧拉急了，大声说，只要稍稍移动一下羊圈的桩子就行了。爸爸听了直摇头，心想："世界上哪有这样便宜的事情？"但是，小欧拉却坚持说，他一定能两全其美。爸爸终于同意让儿子试试看。小欧拉见父亲同意了，站起身来，跑到羊圈旁。他以一个木桩为中心，将原来 40 米边长截短，缩短到 25 米。爸爸着急了，说："那怎么成呢？那怎么成呢？这个羊圈太小了。"小欧拉也不回答，跑到另一条边上，将原来 15 米边长延长，增加 10 米，变成 25 米。经这样一改，原来的羊圈变成了边长为 25 米的正方形。然后，小欧拉很自信地对爸爸说："现在，篱笆也够了，面积也够了。"爸爸照着小欧拉设计的羊圈扎上篱笆，100 米长篱笆真的够了，不多不少，全部用光。面积也足够了，而且还稍稍大了一些。父亲心里感到非常高兴。孩子比自己聪明，真会动脑筋，将来一定大有出息。爸爸感到，让这么聪明的孩子放羊实在是可惜了。后来，他想办法让小欧拉认识了一位大数学家伯努利。通过这位数学家的推荐，小欧拉成了巴塞尔大学的大学生。这一年，小欧拉 13 岁，是这所大学最年轻的大学生。①

---

① 佚名. 小欧拉的故事［EB/OL］.（2018-04-15）［2018-10-17］. http://www. sohu. com/a/228332227_223014.

40 能否用知识之变来叩开教学之门？

教师在教学"用画图的策略解决问题"这一内容时，根据教材编排，有一道例题讲一道例题，有一道习题练一道习题——

梅山小学有一块长方形花圃，长8米。在修建校园时，花圃的长增加了3米，这样花圃的面积就增加了18平方米。原来花圃的面积是多少平方米？

试一试

小营村原来有一个宽20米的长方形鱼池。后来因扩建公路，鱼池的宽减少了5米，这样鱼池的面积就减少了150平方米。现在鱼池的面积是多少平方米？（在下图中画出减少的部分，再解答）

想想做做

1. 下图是李镇小学的一块长方形试验田。如果这块试验田的长增加6米，或者宽增加4米，面积都比原来增加48平方米。你知道原来试验田的面积是多少平方米吗？（先在图上画一画，再解答）

2. 张庄小学原来有一个长方形操场，长50米，宽40米（如下图）。扩建校园时，操场的长增加了10米，宽增加了8米。操场的面积增加了多少平方米？（先在图上画出增加的部分或在纸上列表，再解答）

整节课，例题与习题之间缺少连接，学生的感觉只是在解答一道道题目。其中，"想想做做"第2题，画图与解题之间缺少联系，学生的感觉只是在寻找一个个解法。

"切"：病理诊治

解决问题的策略教学很容易上成解决问题的方法教学。要消除上述课例给学生例题与习题隔断、策略与方法割裂的孤立感，我们应该注意题组的过渡教学并注重策略的过程教学，在揭示题型变化的过渡中让学生掌握策略的适用范围，在展示图样变化的过程中让学生掌握策略的适用方法。

一是利用题型的变化来串联研究线索。知识的演变有着一定的结构和脉络，如果教师能够把这条隐蔽在教材编排中的变化路线显现出来，将其作为连接一个个知识点的学习线索，让不同类型的例题或习题由此变得更加紧密，那将有利于学生举一反三、融会贯通。

分析上述课例中这些题目的结构，我们不难发现，"试一试"与例题相比，都是单量变化，但变化的要素与方向不同，属于同层次的思维变式，而"想想做做"第2题则为双量同时变化，思维难度更高。（如下表）

量的变化			题目配置	
	长	宽	面积	
一个量变化	＋			例题	"想想做做"第1题
		＋			
	－				
		－		"试一试"	
两个量变化	＋	＋			"想想做做"第2题
	－	－			
	＋	－			
	－	＋			

鉴于此，我们不妨进行如下设计，把上述题型的变化作为串联全课的教学线索。

（出示"梅山小学有一块长方形花圃，长8米，宽6米"）师：看到这些信息，你的脑海中浮现出了什么？

生：一个长8米、宽6米的长方形图形。

（补充问题"这个长方形花圃的面积是多少？"）师：要求这个问题，你需要画图吗？为什么？

生：不需要画图。因为可以直接根据长方形的面积公式求出结果。

教师出示例题，许多学生解答有困难。

师：像这样不能一下子就想清楚的图形题，我们可以怎么办？

生：画图。（教师揭示课题）

……

（例题教学后）师：除了长发生变化，谁发生变化，我们同样可以采用画图的策略来解决问题？

生：宽。

师：对！另外，长或宽除了增加，还可以怎样变化？

生：减少。

教师出示"试一试"和"想想做做"第1题，让学生用画图的策略解答。

师：刚才这些题目都是长或宽单个量在发生变化，你认为它们还可以怎样变化？

生：长和宽还可以同时增加、同时减少或者一个量增加一个量减少。教师出示"想想做做"第2题。

……

二是利用图样的变化来启发解题方法。画图策略的教学关键在"画图"，首先考虑的是画图的需要，其次考虑的是画图的方法，最后考虑的是画图的使用。

例如"想想做做"第1题，对前两个关键——"画图的需要和画图的方法"的教学，第一步，教师应让学生感觉到（而不是像题尾那样直接要求学生画图解决问题），因为题中条件变化比较复杂，所以可以用画图的策略来解决问题。第二步，教师可抓住题中"或者"一词，引导学生把原句还原出"长增加6米，面积比原来增加48平方米"和"宽增加4米，面积比原来增加48平方米"两个条件，由此画出两张图（如下页左图），接着再启发学生可不可以合并成一张图（如下页右图）。

长增加6米，面积增加48平方米。宽增加4米，面积增加48平方米。

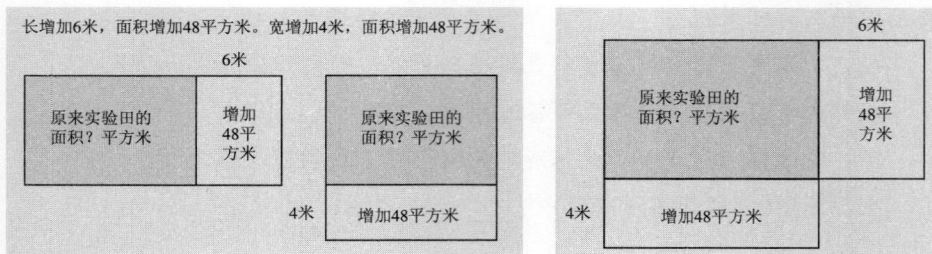

又如"想想做做"第2题，对后两个关键——"画图的方法和画图的使用"的教学，第一步，教师可以抓住"长增加了10米"和"宽增加了8米"这两个条件，让学生明白它们是"同时变化"，所以只需画一张图来表示。第二步，教师变化"长增加了10米"和"宽增加了8米"两个条件的先后顺序，可以得到两种不同的画图方法：一是先画"长增加了10米"，再画"宽增加了8米"，最后得到如下面左图的图样；二是先画"宽增加了8米"，再画"长增加了10米"，最后得到如下面右图的图样——

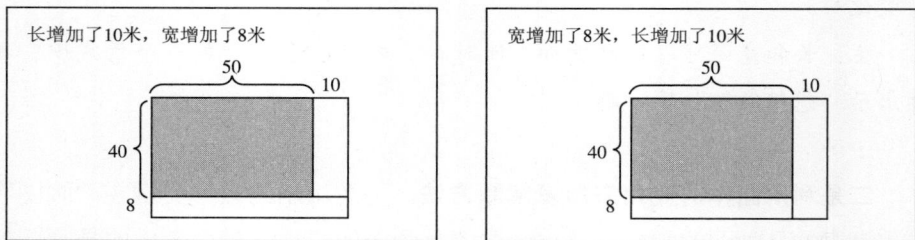

此时，学生就能清楚地看到，由于画图方法不同，导致分割方法不同，结果解题方法就不同：第一种画法对应的解法为"50＋10＝60（米），60×8＝480（平方米），40×10＝400（平方米），480＋400＝880（平方米）"；第二种画法对应的解法为"40＋8＝48（米），48×10＝480（平方米），50×8＝400（平方米），480＋400＝880（平方米）"。

之后，教师可以由上述两张图样启发学生想到另外两种解题方法：一是合并两条分割线后得到如下页左图的图样，得到第三种解法为"50×8＝400（平方米），40×10＝400（平方米），10×8＝80（平方米），400＋400＋80＝880（平方米）"；二是去除两条分割线后得到如下页右图的图样，得到第四种解法为"50＋10＝60（米），40＋8＝48（米），60×48＝2880（平方米），50×40＝2000（平方米），2880－2000＝880（平方米）"。

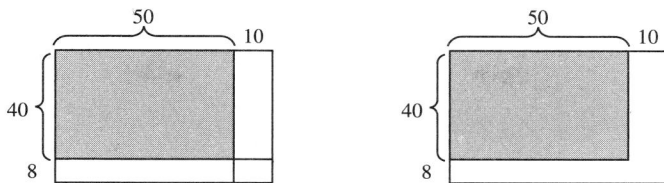

在现实教学中，许多教师常常在画图方法上直接展示如上面右图这种图样，然后回过头来让学生寻找多种解题方法，这样从结果回到过程的做法，很容易让学生感觉到策略教学的重点在解题方法上。如果教师能够把时间放在多种画图方法的展示上，那么多种解题方法的得来全不费工夫，此时，教学的重头戏放在了画图上，解法只是注重过程教学后水到渠成的结果。

41 课能否上得深刻一些？

这是一节"相遇问题"课的教学片段——

[片段1]

教材例题是典型的相遇问题——

小明和小芳同时从家出发走向学校（如图），经过 4 分钟两人在校门口相遇。他们两家相距多少米？

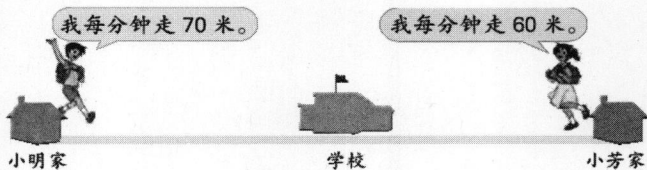

> 我每分钟走 70 米。

> 我每分钟走 60 米。

小明家　　　　　　　　学校　　　　　　　　小芳家

教材启发学生通过画图或列表来整理题目的条件和问题——

你能用画图或列表的方法整理题目的条件和问题吗？

我画图整理。

70 米　70 米　70 米　70 米　60 米　60 米　60 米　60 米

小明家　　　　　　　? 米　　　　　　　小芳家

我列表整理。

| 小明从家到学校 | 每分走 70 米 | 走了 4 分 |
| 小芳从家到学校 | 每分走 60 米 | 走了 4 分 |

　　因列表整理信息的方法之前已经专门学过，所以，教师开始有意引导学生具体研究怎样画线段图来整理信息。于是，这一环节的教学便有了一种图

表"分家"的感觉——画线段图成了"新娘",列表只为"伴娘",因为教师的后继教学中几乎不再谈及列表,在此状态下,列表法淡出师生视野也就不足为怪了。

……

[片段2]

在教学画线段图时,教师紧紧地扣住"画的线段图要能全面反映题目的全部信息"来指导学生画线段图,例如:标明出发点和相遇点、平均分段表明速度和时间等。

于是,学生根据教师的示范开始端正又细致地打磨线段图,以求能得到一个"标准""齐全""美观"的作品。这一精耕细作花了学生许多时间。

……

[片段3]

教学中,教师按照教材编排设计的教学内容一般是"相遇问题"(例题)→"相背问题"(试一试)→"环形问题"(练习题),然后拓展到"工程问题"(练习题)。

课中,教师对上述各种问题进行了比较,但仅限于情节的区别与解法的沟通。

……

[片段4]

教学中,从例题到习题,教师呈现给学生的一般都是结构类似、结构单一、结构完全的题组。

于是,学生顺流而下、顺势而为,最终虽然强化了认识,但也可能会导致一种"后遗症",那就是思维因过分模式化而僵化,学生不假思索地"依葫芦画瓢",使练习的作用贬值。

……

"切":病理诊治

要让这节课能够给人一种动人心弦甚至刻骨铭心的冲击,我认为,教师应该考虑以下一些关于"教学,该怎样走向深刻"的问题。

一是深刻体现在从退隐走向支持。虽然教材呈现了画图和列表，但重点在画图，许多教师对教材所要到达的"终点"可谓心知肚明，在此教学理念的指引下，所采用的教学策略往往会厚此薄彼，对"列表"这种解决问题的策略常常一晃而过，而以引导学生能够快速地与"画图"这种解决问题的策略"相遇"为己任，也以此作为成功教学的标志。这样的任务定位使得教学有了图表"分家"的感觉。在平常教学中，列表的引出可以说很是尴尬，教师也常常在"要"与"不要"之间纠结，而一旦引出画图，列表也就顺理成章地被抛弃了。

其实，对刚刚从知识"起点"开始学习的学生而言，对哪种策略最有效尚不能心中有数，在学生眼里，画图与列表都是在第一时间能够想到的解决问题的策略，他们只有经过尝试与比较，才能清楚地体会到策略之间的差异与适切性。所以，列表在引出画图之后不应该退出教学的舞台，而应该成为指导学生进行策略比较和选择的支持性资源，也就给学生提出了一个富于挑战的任务——"哪种策略能更快更好地解决问题？"，从而引导学生进行反思性学习，这也就是建构主义所认为的"教学应该基于方法的导引性和支撑性"。例如教师抓住学生的细节表现及时追问："你们在说算理时，为什么都喜欢指着线段图来说（而不喜欢指着列表说）？"有意引导学生对列表法与画图法进行比较，从而凸显线段图比较直观形象的特点——所见即所得。

另外，教师还可以在解决巩固练习中的"环形问题"（如下图）时，让学生进一步体会列表的局限性，列表难以让学生一目了然地"看"出其中的奥妙，而画线段图则可以较好地克服这种"弱视"，明亮学生眼睛，通畅学生思维。

小张和小李在环形跑道上跑步，两人从同一地点出发，反向而行。小张的速度是 4 米/秒，小李的速度是 6 米/秒，经过 40 秒两人相遇。环形跑道长多少米？

由此可见，教学内容在教学过程中可能会有主次之分，但不能把所谓的"次要"内容轻描淡写甚至"驱逐出境"，而应充分发挥它的参照功能与服务功能，以此来推动学生能够及时而正确地与"主要"内容"相遇"。

二是深刻体现在从详尽走向简练。解决问题的策略是为了学生能更好、更快地解决问题。"好"体现在这种策略能帮助学生发现数量关系，厘清解题思路，选择算式算法；"快"则表现在学生不需要花费太多的工序、太多的材料、太多的时间去运用这种策略。此处，教师就可以给学生提出一个富有挑战性的任务——"怎么画线段图可以反映出题目的主要信息"。

在画线段图这种策略由浅入深触及本质的过程中，教师应让学生经历两次提升：第一，由"杂"到"简"的提升，即由例题文字叙述的繁杂到线段图示意的简明。事始，教师为了能让学生领略线段图的意图，可以把线段图做全、做细，这一过程教师课中一般都能操作到位。第二，教师在此基础上还应该进行由"实"到"虚"的提升，即由线段图据实反映信息的齐全到线段图大体反映信息的简练，例如可以省略后续均分点位、出发和相遇地名、行走方向等，这样，可以进一步提高线段图的实用性和抽象性，也唯有这样，学生才能发现简化后的相遇问题模型与加法模型相同、与乘法分配律模型相同。

三是深刻体现在从独立走向整合。确实，对题目之间情节、结构与解法的比较，是十分必要的，但这样比较还没有触及问题的本质。在此，教师应该站得更高，从全局观照所教知识，进行更深层次的比较，让学生重点比较线段图，其中"环形问题"可以化曲为直：如果从出发点"剪开拉直"，就可看成相遇问题；如果从相遇点"剪开拉直"，就可看成相背问题。接着，让学生注意各个具体问题经"提纯"后的线段图，让学生发现它们的图像具有共同特征，都反映着"两部分量之和等于总量"这一基本数量关系，由此把行程问题中的不同情形纳入相同的数学模型。

紧接着，教师顺势可以给学生提出一个富有挑战性的任务——"相遇问题还可以与哪些问题'相遇'"。同理，学生发现工程问题也能纳入相同的数学模型，这样的拓展可以实现知识的融会贯通，实现举一反三的板块式整体教学，这也就是建构主义所认为的"教学应该基于教学情境的浸润功能"。同时，通过线段图的"串通一气"，可让学生的目光始终围绕在"解决问题的策略"的主题词"策略"——画线段图上。

在此思想的引导下，学生最终"相遇"的就不仅仅是相遇问题，而可能是相背问题、环形问题等行程问题，还可能是跳出行程问题的工程问题、价格问题、打字问题等其他多种生活问题。最后全课总结时，留在学生记忆中的，本课解决的不再只是一个相遇问题"点"的学问，而是一组相关问题"面"的扩展，串联它们的"红线"是相同的解决问题的策略。

四是深刻体现在从定式走向灵活。平常教学中，许多教师只是就题论题，这节课只是这节课，从例题到习题，教师呈现给学生的一般都是结构类似、结构单一、结构完全的题组，课后学生的作业准确率尽管高，但并不等于学生是真的学会了，因为很多情况下学生的学习方式只是模仿。学生这种不假思索地"依葫芦画瓢"，练习再多，对其理解性学习很多时候无济于事。

对此，解决上述"问题"的教学策略是，当学生完成了数学模型的建构以后，教师应重新打破学生的认知平衡，具体可以采用以下两个"增加"。

第一，可以增加开放题。例如把习题中方向明确的工程问题改编成一个富有挑战性的问题——"两个工程队准备合修一条路，甲队每天修 12 米，乙队每天修 15 米，计划 8 天修完。请你设计一个修路方案，然后提出问题解答。"对此，学生可以设计成"从两头向中间修"和"从中间向两头修"等方案，自觉迁移前面学过的行程问题中的"相对而行"与"相背而行"这两种情况。

第二，可以增加反面题。例如补充"在一条东西走向的路上，小红与小明同时从同一地点出发，小红每分走 60 米，小明每分走 70 米，10 分钟后，两人相距多少米？"在可能产生的"相背问题"与"追及问题"的碰撞中，提醒学生注意有些问题"形似神合（线段图相同）"，而有些问题"形似神离（线段图不同）"，促使学生脚踏实地地注重分析过程。

五是深刻体现在从坐听走向表演。平常教学采用的大多是排排坐听讲的方式，如果采用活动形式，也大多呈间歇性、点缀性、调节性穿插在整体环节之中，没成气候。

如果有这么一节数学课能够最大限度地让学生"动"起来，那必将让学生感到耳目一新，教学也必将"活"起来。如果有这么一节数学课能够让学生表演，例如"相遇问题"就是可用于表演的知识，那么对这种把知识表演出来的任务学生必定乐于接受。因为拍电影、排戏剧是很多年轻人的梦想，并且学生都喜欢看戏，并喜欢模仿戏剧中演员的精彩表演，也有着能秀出自己的表演欲望。所以，在教学的舞台上，教师应该抓住机会让学生过一把表演瘾，换一种形式让学生学习。

美国著名思想家、教育家杜威就曾在"经验实作学习"中引入戏剧方法，他认为：经验具有形式和结构，它可以实践、表达感情及心智，人因为思维而产生经验，又因经验而产生意义。用戏剧方式学习，正是通过戏剧创作过程的角色设计与表演，来完成相应的同化过程，获得相应的经验和意义。

美国著名脑科学家詹森的研究表明：戏剧表演可以激活人脑前庭，加速脑皮层成熟，促进情绪管理和控制。人脑前庭控制着运动和阅读，戏剧表演中的肢体动作能充分刺激前庭，将潜前庭激活，从而使得学生获得注意力和阅读能力的发展。而人的阅读、数数、说话和问题解决能力都和皮层系统的成熟度有关。戏剧艺术能引起面对面的相互作用，需要孩子控制情感，表达语言和非语言的请求，延迟满足，注意自己说话的态度，识别他人的情感，化解矛盾等，能够消除恐惧、悲伤和攻击性，继而促进孩子基本的社会和情绪技能的发展。

在教学中，简单地说，演戏也就是角色扮演。角色扮演模式的学习属于情境学习，学生站在所扮演角色的角度来体验、思考，从而构建对知识的理解。

如果只是让学生静观"相遇问题"的文字表述，那么有些学生对题目中的"同时出发""相向而行""相遇时间"等数学术语感觉有点分辨不清，对解法中的"路程＝速度和×相遇时间"理解起来感觉有点困难。此时，教师如果把"相遇问题"的文字表述看作脚本，让学生据此排演一个活动剧，学生必定兴趣盎然，会主动琢磨题目含意，无须教师多言。其间，从两位领衔主演学生的怎么站上可以看出他们对"相向而行"的理解，从怎么走上可以看出他们对"同时出发"和"相遇时间"的理解，这也是建构主义所认为的"教学应该基于学习环境的丰富性、挑战性和开放性"。另外，相遇问题是实际问题，有着具体的现实模型，让学生把具体生活场景表演出来，学生有着真情与实感，这也就是建构主义所认为的"教学应该基于内容的真实性和复杂性"。

在走的过程中，学生常常会犯相遇在中点也就是速度相同的错误，此时旁观者清，下面的观众就会及时指出问题，并告诉他们该如何演好"速度不同"以及"速度不同却能最终相遇"的技巧，这也是建构主义所认为的"教学应该基于评价的激励功能与支持反思和自我调控功能"。

之后，学生还可以继续演好"相背而行""追及问题"以及"环形上的相遇问题"等数学戏剧。教师还可以教给学生如何写"剧本"的方法，例如用线段图把所演的数学戏剧情节表示出来。学生对这样可以活动的、可以演戏的数学，学起来自然不再感觉累人，学生学得不累，教师自然就教得不累。

42 是学生的思维能力萎缩了吗?

教学"工程问题"的应用题前，教师无意出了这么一题："一袋面粉，可以做 40 个包子或者 16 个馒头，现在用这袋面粉做了 15 个包子后，剩下的面粉还能做多少个馒头?"结果让教师非常惊讶，全班共有 44 名同学，有 20 名同学解答出了这道题，归纳一下学生共有七种解法：

方法一：假设这袋面粉有 1600 克，那么每个包子用 40 克面粉，每个馒头用面粉 100 克，（1600－40×15）÷100＝10（个）；

方法二：（40－15）÷（40÷16）＝10（个）；

方法三：16－15÷（40÷16）＝10（个）；

方法四：40：16＝5：2，40－15＝25（个），25÷5×2＝10（个）；

方法五：（40－15）÷40×16＝10（个）；

方法六：（1－15÷40）×16＝10（个）；

方法七：$\left(1-\frac{1}{40}\times 15\right)\div\frac{1}{16}=10$（个）。（教师疑惑：这种方法他不学也会?!）

"无心插柳柳成荫。"这无意的行为产生的结果之"多"令教师意外，教师不得不感慨："学生真的有潜力啊!"不过，教师在感慨的同时心中依然有着怀疑。

教学"工程问题"的应用题后，教师又有意出了这么一题："一批布，如果做衣服可以做 50 件，做裤子可以做 80 条。现在做了 10 件衣服后，剩下的布还可做多少条裤子?"此题与课前那题的类型一样，但结果之"少"令教师再次意外：原来估计学生的解法仍会丰富多彩，现在却都采用一种解法"$\left(1-\frac{1}{50}\times 10\right)\div\frac{1}{80}$"，教师又不得不困惑：难道是学生的思维能力萎缩了吗?

"切"：病理诊治

两道实质完全相同的题目放在两个不同的时间来测验，结果何以有如此大的差异？这个教学案例让我们想到了什么？

思考之一："爱拼才会赢"——挑战性的问题带给学生更多的思考。 当学生面对一个"熟悉"的题目时，就会自觉地反射出已掌握的基本解题程序，学生的思维更多的是一种"格式化"后的"复制"和"粘贴"，此类问题对学生已不具有明显的挑战性；当学生面对一个"似曾相识"（而非"不曾相识"）的题目时，就会由"似曾"的模糊去搜寻已"相识"的相关点滴经验，然后经过筛选、整合或改造去"逼近"目标，这里学生的思维不再是简单的"复制"，而可能是多次的"组合"、"重新组合"和"选择性粘贴"。每个学生都有着自己的学习方式、思考途径、已有经验以及有关的数学知识结构，即都有属于自己的"数学现实"，他们走向目的地的道路就有可能不同。这正是"似曾相识"问题解决方法的不确定性，引发了"条条道路通罗马"的算法多样化，此类问题对学生更具有明显的挑战性。

挑战性问题并不是完全脱离学生的实际，让学生摸不着边际，而是让学生从一定的旧知出发，走一条自己还未走过的路。怎么走，就需要学生凭着自己的"资本"和"感悟"去走，去尝试、探索和创造。这就为学生创设了更为广阔的思维空间，让学生从自己特有的或擅长的视角去思考问题、解决问题。

因此，案例中"算法多样"的意外并不意外，它是挑战性问题带来的正常反应，是学生"拼"的结果。

思考之二："择善而从之"——最优化的方法带给学生更美的追求。 当学生面对多种多样的解题方法时，他们会进行讨论、分析、交流、比较、吸收；当学生又学到了一种新的解题方法后，他们又会与原来的方法进行比较。进行一次比较，就是一次思维冲突、一次全面认识、一次提升进步。简捷、明了、实用、方便、合适是学生选择方法的标准。当某种解法"鹤立鸡群"，具有明显优越性时，它将会成为大家首选的对象。

案例中，课前的"算法多样"至课后的"算法一样"，并非学生的思维能力萎缩，而应是学生思维能力的发展。课前的答案是学生面对一个挑战性问题时产生的不同思维途径的反映，具有情境性、个体性；课后的答案则是学生面对一个已被"解剖"的数学典型问题时产生的相同思维途径的反映，具有模式性、普遍性。这是学生自觉对解题方法进行反思、比较后的结果。值得一提的是，课前解法之一"$\left(1-\frac{1}{40}\times15\right)\div\frac{1}{16}$"与课后的解法"$\left(1-\frac{1}{50}\times10\right)\div\frac{1}{80}$"，形同质异。据了解，课前这种解法的"发明"者的思路是把总数量假设为"1千克"，异于抽象的单位"1"，两个"1"代表着不同的思维高度。

因此，案例中"算法一样"的意外也并不意外，它是最优化方法带来的正常反应，是学生"择"的结果。

思考之三："天高任鸟飞"——阶梯式的练习带给学生更大的飞跃。 新授过程的开放，培养了学生的开放性思维。在练习阶段，也应注重练习的质量，带给学生进一步的挑战和进一步的提高。单调的练习固然可以强化解答一种题型的熟练程度，但会逐渐消磨学生解题的兴趣，造成消极的影响，"熟能生厌""熟能生笨"也就成为可能。所以，我们不能"虎头蛇尾"，应精心设计练习题，给学生新的面貌、新的感觉、新的动力。

一是改变题型。我们可以把"标准"的工程问题应用题改头换面，变成行程问题应用题等形式，例如："两列火车同时从甲乙两城相对开出。一列火车从甲城开往乙城需要10小时，另一列火车从乙城开往甲城需要8小时，经过几小时两车可以相遇？"我们还可以把工程问题应用题"还原"成普通应用题，例如："两列火车同时从相距600千米的甲乙两城相对开出。一列火车从甲城开往乙城需要10小时，另一列火车从乙城开往甲城需8小时，经过几小时两车可以相遇？"学生在"同化"解答标准格式的习题时，对"异化"的突然"插足者"，不得不多费一番心思，慧眼识别面目，选择合适解法，从而生发"原来不过如此"的释怀的愉悦。

二是横串纵联。我们可以把工程问题应用题与其他类型的应用题"串联"在一起，横向拓展，纵向深化。例如："两列火车同时从甲乙两城相对开出。一列火车从甲城开往乙城需要10小时，另一列火车从乙城开往甲城需要8小时。现在同时开出2小时后，两列火车相距330千米。甲乙两城相距多少千米?"有一定难度的综合题让学生挑战了更高的目标，也让学生获得更快的成长。

"变一变""挖一挖"等练习题的"易容术"消除了学生解题的索然无味，添加了学生解题的滋味。

总之，相同的问题在不同的时间给学生不同的感觉，激发学生不同的思考。问题的挑战是相对的，解法的多少也是相对的。我们不能单纯地以方法的"多少"论思维的"高低"，应综合地以方法的"进退"断思维的"深浅"。让我们多给学生一些有挑战性的问题，多给学生一些选择的机会，让学生的思维更具价值。